本书受中南财经政法大学出版基金资助

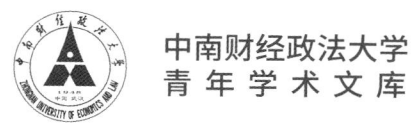

中南财经政法大学
青年学术文库

团队反思的形成机制及有效性研究

Team Reflexivity: Its Forming Mechanism and Effectiveness

刘文兴 ○ 著

中国社会科学出版社

图书在版编目（CIP）数据

团队反思的形成机制及有效性研究 / 刘文兴著 . —北京：中国社会科学出版社，2018.9

（中南财经政法大学青年学术文库）

ISBN 978 - 7 - 5203 - 3396 - 2

Ⅰ.①团… Ⅱ.①刘… Ⅲ.①企业管理—组织管理学—研究 Ⅳ.①F272.9

中国版本图书馆 CIP 数据核字（2018）第 247577 号

出 版 人	赵剑英
责任编辑	徐沐熙
特约编辑	邓尚志
责任校对	单小丽
责任印制	戴 宽

出　　版	中国社会科学出版社
社　　址	北京鼓楼西大街甲 158 号
邮　　编	100720
网　　址	http://www.csspw.cn
发 行 部	010 - 84083685
门 市 部	010 - 84029450
经　　销	新华书店及其他书店
印刷装订	北京君升印刷有限公司
版　　次	2018 年 9 月第 1 版
印　　次	2018 年 9 月第 1 次印刷
开　　本	710×1000　1/16
印　　张	9.5
插　　页	2
字　　数	116 千字
定　　价	38.00 元

凡购买中国社会科学出版社图书，如有质量问题请与本社营销中心联系调换
电话：010 - 84083683
版权所有　侵权必究

《中南财经政法大学青年学术文库》
编辑委员会

主　任：杨灿明

副主任：吴汉东　姚　莉

委　员：（按姓氏笔画排序）

　　　　朱延福　朱新蓉　向书坚　刘可风　刘后振

　　　　张志宏　张新国　陈立华　陈景良　庞凤喜

　　　　姜　威　赵　曼　胡开忠　胡贤鑫　徐双敏

　　　　阎　伟　葛翔宇　董邦俊

主　编：姚　莉

目 录

第一章 绪论 …………………………………………………… （1）
　第一节　选题来源 …………………………………………… （1）
　第二节　本书研究目的和意义 ……………………………… （5）
　　一　本书研究目的 ………………………………………… （5）
　　二　理论意义 ……………………………………………… （6）
　　三　实践意义 ……………………………………………… （8）
　第三节　相关概念的界定 …………………………………… （9）
　第四节　本书研究内容和方法 ……………………………… （11）
　　一　研究内容 ……………………………………………… （11）
　　二　研究方法 ……………………………………………… （14）
　第五节　本书技术路线与结构安排 ………………………… （15）

第二章 文献综述 ……………………………………………… （17）
　第一节　团队反思概念及其结构与测量 …………………… （17）
　　一　团队反思的概念 ……………………………………… （17）
　　二　团队反思的结构与测量 ……………………………… （19）
　　三　团队反思的内涵和结构研究现状评述 ……………… （20）
　第二节　团队反思的形成机制研究 ………………………… （21）
　　一　团队特征因素度对团队反思的影响 ………………… （22）

二　领导因素对团队反思的影响 …………………………（22）
　　三　团队内部互动因素对团队反思的影响 ………………（23）
　　四　团队认知因素对团队反思的影响 ……………………（23）
　　五　工作特征因素对团队反思的影响 ……………………（24）
　　六　团队反思的影响因素研究现状评述 …………………（24）
第三节　团队反思的有效性研究 ………………………………（31）
　　一　团队反思对工作认知和能力的影响研究 ……………（31）
　　二　团队反思对工作态度的影响研究 ……………………（32）
　　三　团队反思对工作行为的影响研究 ……………………（32）
　　四　团队反思对工作结果的影响研究 ……………………（33）
　　五　团队反思的有效性研究现状评述 ……………………（34）
第四节　团队反思综合研究现状评述 …………………………（44）
　　一　以往研究团队反思的主要结论 ………………………（44）
　　二　团队反思有待进一步研究的问题 ……………………（46）

第三章　社会魅力型领导对团队反思影响的权变模型 ………（49）
第一节　本章引言 ………………………………………………（49）
第二节　研究假设 ………………………………………………（51）
　　一　社会魅力型领导与团队反思 …………………………（51）
　　二　外部环境不确定性的调节效应 ………………………（53）
　　三　调节焦点导向的调节效应 ……………………………（54）
第三节　研究方法 ………………………………………………（55）
　　一　研究对象与程序 ………………………………………（55）
　　二　研究工具 ………………………………………………（56）
　　三　数据聚合和分析方法 …………………………………（58）
第四节　数据分析 ………………………………………………（58）
　　一　变量相关分析 …………………………………………（58）

二　分层回归 …………………………………………（59）

　第五节　结果与讨论 …………………………………………（63）

　　一　研究结论 …………………………………………（63）

　　二　理论意义 …………………………………………（64）

　　三　实践意义 …………………………………………（66）

　　四　研究局限与未来研究方向 …………………………（66）

　第六节　结语 ………………………………………………（67）

第四章　团队反思对团队创新的影响机制 ……………………（69）

　第一节　本章引言 ……………………………………………（69）

　第二节　理论与假设 …………………………………………（71）

　　一　团队反思与团队创新 …………………………………（71）

　　二　共享心智模式的中介效应 ……………………………（72）

　　三　信息资源交换的中介效应 ……………………………（75）

　第三节　研究方法 ……………………………………………（77）

　　一　研究对象与程序 ………………………………………（77）

　　二　研究工具 ………………………………………………（78）

　　三　数据聚合和分析方法 …………………………………（80）

　第四节　数据分析与结果 ……………………………………（80）

　　一　变量相关分析 …………………………………………（80）

　　二　分层回归分析 …………………………………………（81）

　第五节　结果与讨论 …………………………………………（84）

　　一　研究结论 ………………………………………………（84）

　　二　理论意义 ………………………………………………（85）

　　三　实践意义 ………………………………………………（87）

　　四　研究不足与未来研究方向 ……………………………（87）

　第六节　结语 …………………………………………………（88）

第五章 团队反思对团队创新影响的权变模型 …………（90）
第一节 本章引言 ……………………………………（90）
第二节 理论与假设 …………………………………（92）
　　一 任务依赖性的调节效应 …………………………（92）
　　二 绩效考核导向的调节效应 ………………………（93）
第三节 研究方法 ……………………………………（94）
　　一 研究对象与程序 …………………………………（94）
　　二 研究工具 …………………………………………（95）
　　三 数据聚合和分析方法 ……………………………（96）
第四节 数据分析 ……………………………………（97）
　　一 变量相关分析 ……………………………………（97）
　　二 分层回归分析 ……………………………………（98）
第五节 分析与讨论 …………………………………（102）
　　一 研究结论 …………………………………………（102）
　　二 理论意义 …………………………………………（103）
　　三 实践意义 …………………………………………（104）
　　四 研究不足与局限 …………………………………（105）
第六节 结语 …………………………………………（106）

第六章 团队反思研究展望 ………………………………（107）
第一节 研究总体结论与讨论 ………………………（108）
第二节 团队反思研究局限性 ………………………（109）
第三节 团队反思研究新方向 ………………………（110）

参考文献 ………………………………………………（113）

致　谢 …………………………………………………（140）

第一章

绪　论

第一节　选题来源

随着社会经济发展与新技术不断涌现，生产者主导时代进入消费者主导时代，市场竞争越来越激烈。尤其是互联网技术在现代社会渗透，企业面临的商业环境发生翻天覆地的变化，难以依赖个体的力量面对各项挑战，越来越依赖团队工作方式来应对外部环境（张新安、何惠、顾锋，2009；West，2002）。因此，团队工作效率日益成为学术界和管理实践者共同关心的话题。然而，在实际运行中团队工作方式并不意味着高绩效，会面临很多制约因素。团队工作方式要发挥最大效能，首先需要解决不确定性（缺乏对特定行为的后果与影响的认识）与模糊性（在该做什么的问题上模棱两可、含糊不清）等问题所带来的挑战和影响（Sicotte、Langley，2001）。团队要成功应对不确定性和模糊性，迫切需要团队密切关注环境动态变化并根据环境动态变化情况制定相应的调整策略。然而，大多数团队将资源和注意力集中在目标的完成过程中；很少有团队将资源和注意力投入到团队检查过程中，如检查目标是否存在偏差，工作计划是否存在偏差等，即将资源和注意力投入到团队反思过程中。不少学者指出团队反思是能有效化解不确定性和模糊性重要的团队活动（Schippers et al.，2003）。若团队能够对实际运行情况和工作环境进行反思并根据环境变化制定调整策略，虽然会影响团队任务进展速度，但是团队则会变得更加有效（Carter、West，1998）。作为一种团队过程，团队反思的有效性日益受到学者的关注。实证研究表明，团队反思在提升团队效率和团队创新上发挥着重要的影响作用，然而目前对团队反思形成机制及有效性还缺乏深入的实证研究（Schippers、Den Hartog、Koopman、van Knippenberg，2008；Dayan、Basarir，2009；张文勤、石金涛，2010），需要未来研究不断对团队反思给予关注，尤其是关注团队反思的影响因素（Dayan、Basarir，2009；Schippers，2003；张文勤、石金涛，2010）以及团队反思与团队创新之间的影响机制（Lee，2008；Schippers、Den Hartog、Koopman，2007）。

首先，探讨团队反思的影响因素。回顾团队反思的相关文献，零星的研究已经开始探讨团队反思的影响因素，比如，团队多样性（Schippers、Den Hartog、Koopman、Wienk，2003；Pieterse、van Knippenberg、van Ginkel，2011）、团队冲突（Tjosvold、Hui、Yu，2003；Tjosvold、Tang、West，2004）、团队成员技能（Frese，1994；Hoegl、Parboteeah，2006）、公平氛围（Dayan、Basarir，2009）等因素对团队反思的影响。这些因素整体上属于与团队成员背景特征以及团队内部互动氛围方面有关的因素。除了这些影响因素之外，领导的因素却很少受到学者的广泛关注。作为团队活动重要的影响因素之一，领导拥有比其他团队成员更多的资源和影响力，这就决定了领导作用是不能被忽视的。不少学者呼吁探讨领导在提高团队反思方面的作用。最近，有学者开始关注领导风格与团队反思之间的关系，也证实了领导在促进团队反思方面发挥着独特作用（Somech，2006；Schippers、Den Hartog、Koopman、van Knippenberg，2008）。领导风格多种多样，到底哪种领导风格更有利于团队反思，目前学术界还缺乏强有力的讨论，只是有零星研究尝试去解释领导与团队反思之间可能的关系。由于我国处在社会转型关键时期，相比其他领导方式，社会魅力型领导受到更多的关注。学者通过实证研究表明，在转型期或者危机时期，社会魅力型领导要比其他领导方式对组织更为有效。社会魅力型领导在促进团队反思方面是否依然有效呢？目前学术界还没有统一的认识和实证研究。因此，本书从领导视角关注团队反思的形成机制，重点探讨社会魅力型领导对团队反思的影响并关注外部不确定性和团队调节焦点导向的干扰作用。

其次，探讨团队反思对团队创新的中介机制。回顾团队反思的相关文献研究，学者不断通过团队效能（Hoegl、Parboteeah，2006；Gevers et al.，2004）、团队绩效（Tjosvold、Hui、Yu，2003）、组织公民行为（Tjosvold、Hui、Yu，2003）、团队创新（Lee，2008；Lee、Sukoco，2011a；2011b；MacCurtain et al.，2010）等来检验团队反思的有效性。尽管有学者通过创新来检验团队反思的有效性，但是研究还是处于初步探索阶段，还存在很多值得深入挖掘的空间。此外，很多学者也持续呼吁通过创新来检验团队反思的有效性：一方面是因为创新日益成为企业生存和可持续发展的关键因素（Choi、Chang，2009；Hansen、Levine，2009），另一方面是因为如何有效提高创新结果成为企业和学者面临重要的课题（Caldwell、O'Reilly，2003；Drach-Zahavy、Somech，2001；Eisenbeiss、van Knippenberg、Boerner，2008）。有零星的研究开始尝试打开团队反思对团队创新影响的"黑箱"，也证实了团队学习在团队反思与产品创新之间的中介效应（Lee、Sukoco，2011a）。团队反思与团队创新之间是否还在其他重要的中介变量，目前学术界还缺乏进一步的研究。在研究团队投入和团队产出的关系时，共享心智模式理论和信息资源交换理论被认为是一种有效的解释机制，受到学者的广泛关注（Ellis，2006；LePine et al.，2008；Stout et al.，1999；Marks et al.，2002）。共享心智模式理论和信息资源交换理论能否有效解释团队反思和团队创新之间的关系，需要深入的实证研究。

最后，探讨团队反思对团队创新影响的边界条件。有很多学者证实了团队反思有助于团队创新（Lee，2008；Lee、Sukoco，2011a；MacCurtain，2010），不过也有学者提出质疑，认为团队反思并不一定带来团队创新（Wong et al.，2007），团队反思对团队创新的影响会受到外在因素的干扰（Dayan、Basarir，2009）。在探讨了团队创新形成机制时，学术界广泛采用交互方式解释情境变量和特征变量交互对团队创新的影响（Choi、Anderson、Veillette，2009；Somech、Drach-Zahavy，in press）。这种研究方式表明要理解团队创新形成机制，需要充分考虑团队特征和团队工作环境的影响（Somech、Drach-Zahavy，in press；Bamberger，2008）。回顾团队创新的相关研究，只有零星的研究采用交互方式探讨团队反思和团队创新之间的边界条件（Dayan、Basarir，2009），还存在大量可探索的空间，需要学者进一步分析和实证研究（张文勤、石金涛，2010）。绩效环境被认为是重要情境因素（Rico、Sanchez-Manzanares、Gil、Gibson，2008）（涵盖任务相互依赖性、绩效考核导向）。有学者研究表明，任务相互依赖性与绩效考核导向，两者都是影响团队投入和团队产出关系重要的干扰因素（Mathieu et al.，2005；Smith-Jentschet et al.，2005；Marks，1999）。绩效环境会不会影响团队反思和团队创新之间的关系，目前并没有给出强有力的解释和实证研究。

总而言之，本书以团队反思为中心，分析团队反思的形成机制及有效性，具体主要从以下三个方面来展开研究：（1）提出社会魅力型领导对团队反思影响的权变模型，检验社会魅力型领导对团队反思的影响,并检验团队调节焦点导向和外部环境不确定性对社会魅力型领导与团队反思之间关系的调节效应;(2)基于共享心智模式理论和信息资源交换理论探讨团队反思对团队创新影响的过程并检验共享心智模式和信息资源交换的中介效应;(3)基于绩效环境视角探讨团队反思对团队创新影响的边界条件并检验任务相互依赖性和绩效考核导向的调节效应。

第二节　本书研究目的和意义

一　本书研究目的

本书研究的目的主要体现在以下几个方面:

(1)本书研究第一个目的是基于领导视角探讨团队反思的形成机制,由于技术日益革新,市场竞争越来越激烈,企业面临巨大的生存压力,进而导致企业将大量时间、资源和注意力集中在结果上,很少投入时间、资源和注意力思考任务实施过程是否与任务目标相一致,缺乏有效机制和时间进行团队反思。相关实证研究表明,有反思的团队和组织比没有反思的团队和组织的工作效率和工作结果要好。因此,如何提高团队反思日益成为管理者和学术界共同关注的话题。然而,团队反思并不是自然发生的,需要组织、领导和员工的参与。在形成团队反思之前,需要弄清楚影响团队反思的因素,目前,学术界也在不断呼吁研究团队反思的形成机制。相比其他因素,领导对团队具有较大的影响力。因此,本书从领导视角探讨团队反思的形成机制,重点关注魅力型领导风格对团队反思的影响并关注团队调节焦点导向与外部环境不确定性对魅力型领导与团队反思之间关系的干扰作用。

(2)本书研究第二个目的是探讨团队反思对团队创新的中介机

制。自从次贷经济危机以来，人类社会经济进入新阶段，如何摆脱经济危机带来的影响，不少企业将资源投入创新活动，通过创新激发企业活力，摆脱企业市场竞争的困境。因此，检验一个团队的有效性，创新被认为是一个重要的观察指标。尽管团队反思被证明对团队效率提升非常有帮助，但其是否有助于团队创新，目前还处于初步探索阶段。尽管有零星研究表明，团队反思有助于创新，但是团队反思如何作用于团队创新，目前还处在"黑箱"状态，需要学者给予广泛的关注。过去研究表明，团队投入会影响团队共享心智模式和团队信息资源交换，团队共享心智模式和团队信息资源交换会影响团队产出。团队反思能否促进团队共享心智模式和团队信息资源交换，进而影响团队创新，学者还没有给出强有力的证据。通过探讨团队反思对团队创新的影响机制，有利于更加深入地认识它们之间的关系。

（3）本书研究第三个目的是探讨团队反思与团队创新之间的边界条件。目前学术界对团队反思与团队创新之间关系的认识，并没有形成统一的认识，虽然大部分学者认为团队反思有助于提高团队创新，但是也有学者指出团队反思是否转换成团队创新结果，需要考虑特定情境因素。通过探讨团队反思与团队创新之间的边界条件，将拓展人们对团队反思与团队创新之间关系的认识。绩效考核导向和工作任务相互依赖性被认为是影响团队投入和团队产出之间重要的情境因素，受到学者的关注和研究。绩效考核导向和工作任务相互依赖性会不会影响团队反思和团队创新之间关系，需要深入的实证研究。通过探讨团队反思对团队创新影响的边界条件，可以促进对团队反思与团队产出之间关系的理解，进而为组织和团队如何有效地激发团队创新提供管理启示。

二 理论意义

（1）通过实证研究探讨团队反思的影响因素。作为团队学习和创新的重要前提，团队反思不断成为很多成功企业主要的活动之一。此外，在我国反省精神一直备受各类组织的推崇和重视。如何营造良好的团队反思氛围受到学术界和实践界的广泛关注。关于团队反思的前因变量，目前学术界还处在初步探索阶段。本书选择领导视角探讨社会魅力型领导对团队反思的影响并检验团队焦点导向和环境不确定性的调节效应，一方面有助于了解团队反思的形成机制，加强对团队反思的前因变量认识；另一方面证明社会魅力型领导与团队反思之间关系存在干扰的因素，比如，团队调节焦点导向和环境不确定性。

（2）通过实证研究探讨团队反思对团队创新的影响过程。创新作为企业可持续发展和维持竞争优势关键手段之一，如何提高创新成为管理者和学术界面临的挑战。作为组织的重要活动之一，团队反思是否能有效激发创新？如何激发团队创新也日益受到了学者的关注。因此，本书根据共享心智模式理论和信息资源交换观点探讨团队反思对团队创新影响的作用机制，一方面有助于打开团队反思与创新之间的"黑箱"，加深对团队反思和团队创新之间关系的认识，填补现有研究的不足；另一方面拓展共享心智模式理论和信息资源交换观点的应用范围，证实它们在解释团队反思对团队创新影响过程的有效性。

（3）通过实证研究探讨团队工作相互依赖性和绩效考核导向对团队反思和团队创新之间关系的调节效应。学者尝试从各种视角揭开团队反思对团队产出影响的边界条件，比如，团队反思与团队绩效之间的边界条件等，也有零星的研究开始探讨了团队反思与团队创新之间的边界条件。然而，团队反思与团队创新之间复杂性关系远没有被有效揭开。与此同时，学者呼吁研究者关注团队反思与团队创新之间的边界条件。因此，为了回应学者的呼吁，本书从团队工作相互依赖性和绩效考核导向视角探讨团队反思与团队创新之间的边界条件，一方面有助于更加清楚地认识团队反思与团队创新之间的关系，为研究团队反思和团队产出之间的关系提供新的观察视角；另一方面有助于充分理解团队工作相互依赖性和绩效考核导向在团队反思和团队创新之间的作用。

三　实践意义

（1）本书探讨了团队反思的形成条件，为企业如何建立团队反思氛围提供了指导意见和方向。在组建团队方面做好选拔和素质测评工作，将促进焦点导向高的员工组合在一起，进而有助于团队反思转换为创新成果；在选拔领导时要注意关注个性魅力比较突出的员工，将魅力比较突出的员工提拔到团队领导岗位上；同时在培养领导时多教导团队领导如何保持魅力，比如，关心员工与远景激励等；相比在环境不确定性低的情境中，在环境不确定性高的情境中社会魅力型领导对团队反思的影响更大，因此，在安排领导时要考虑外部环境的情况，在面对不确定性高的环境时多启用社会魅力型领导。

（2）本书探讨了团队反思影响团队创新的中介机制，即根据共享心智模式理论和信息资源交换观点分析团队反思对团队创新过程的影响。本书可以帮助企业建立如下认识：团队反思能否有效地激发团队创新，关键在于团队反思之后能否建立共享心智模式和促进内部信息资源交换。如果团队不能建立共享心智模式和促进团队内部信息资源交换，团队反思就会流于形式，即团队反思不能有效地转换成创新成果。为了提高团队创新，企业应该采取团队干预活动帮助团队建立共享心智模式，并建立良好信息沟通的平台促进团队内部信息资源交换。

（3）本书探讨了团队反思对团队创新的边界条件。可以帮助企业充分认识到团队反思向团队创新转变不是必然的事情，在转变过程中会受到绩效环境因素的制约，其中任务相互依赖性和团队绩效考核导向是非常重要的制约因素。因此，本书在两个方面有助于企业将团队反思转换成团队创新，一是工作再设计，尽量将团队任务与个人利益连接起来，建立相互依赖的团队关系，尤其针对非常规性的任务时尽量采用团队工作方式；二是在团队成员考核方面，设计良好的发展式绩效考核方案，而不是评估式绩效考核方案。

第三节 相关概念的界定

本书围绕团队反思展开相关研究，一方面探讨了团队反思的形成机制；另一方面检验团队反思的有效性。在研究团队反思的形成机制及有效性的研究中，涉及的主要变量有团队反思、社会魅力型领导、团队防御焦点导向、团队促进焦点导向、外部环境不确定性、团队创新、团队共享心智模式、团队信息资源交换、团队任务相互依赖性、发展式绩效考核导向以及评估式绩效考核导向等。这些变量具体的定义，如下：

团队反思。团队反思是指团队成员对团队目标、策略与程序进行公开反思，以使得团队能够适应当前或者预期的环境变化（West，1996）。国内外普遍认为团队反思是团队过程中活动之一，属于团队层面的概念。一个完整的团队反思过程包括反省、计划和行动三个部分（West，1996；2000）。

社会魅力型领导。社会魅力型领导是指领导以一种平等方式服务集体利益，提供发展的机会和授权于追随者，这样的领导被认为是利他主义，具有自我控制并有利他导向（House、Howell，1992）。

团队调节焦点导向。团队调节焦点导向包含团队促进焦点导向和团队抑制焦点导向。前者是指团队成员渴望成功、追求发展和改变、不满足现状，倾向采取各种方法和措施去追求积极的结果（Higgins，1997）；后者是指团队成员喜欢安全、稳定，害怕承担风险、损失和失败，倾向采取警惕、规避和保守的行动（Higgins，1997）。

外部环境不确定性。外部环境不确定性是指外部环境处于动荡变化的程度。在不确定性高的外部环境中，组织难以了解外部环境变化的情况，不清楚外部环境变化对组织可能产生的影响，难以确定采取何种措施会成功（Milliken，1987）；在不确定性低的环境中，组织容易掌握外部环境信息变化，也容易预测外部环境对组织可能产生的影响。

团队创新。团队创新是指在工作中团队有意识引进新的想法、流程、产品或者程序，进而让个体、团队、组织甚至整个社会受益（West、Farr，1990，p.9）。然而，创造力是指新颖且有用的观点（Amabile，1988，p.126），是创新的一部分，但是创新还包括创造性想法推广过程。因此，团队创新是涵盖了创造性想法提出数量和质量以及这些创造性想法推广两个过程（Pirola-Merlo、Mann，2004）。

团队共享心智模式。（Cannon-Bowers、Salas，1990）首次将心智模式的概念从个体层面向团队层面应用，提出团队共享心智模式的概念。团队心智模式包括两个主要层次：一是与团队相关的模型，如关于团队其他成员的心智模型和团队交互作用的心智模型；二是与团队任务相关的模型，如关于设备或技术的心智模型和任务的心智模型（Mathieu、Heffner、Goodwin、Salas、Cannon-Bowers，2000）。本书主要采用的团队共享心智模式概念是综合两个层次的，是指团队成员对团队构成、团队目标、团队过程信息、团队工作成分等表现出共同心智、态度或信念的心理表征（Mohammed、Dumville，2001）。

团队信息资源交换。团队信息资源交换是影响团队产出的一个非常重要的团队过程（Mesmer-Magnus、Dechurch，2009；Van

Knippenberg et al., 2004; Williams、O'Reilly, 1998），是指团队成员之间信息资源的交换，是一种获取和创造知识重要的方式（Bunderson、Sutcliffe, 2002a; Johnson et al., 2006）。团队信息资源交换关注的是团队内部之间给予信息和获取信息的活动。

团队任务相互依赖性。团队任务相互依赖性是指团队成员之间任务的相互关联程度（Saavedra、Earley、Van Dyne, 1993），可以理解为个体工作业绩与他人业绩相关的程度。当任务依赖性越高，意味着团队成员需要与他人一起合作、协调相关信息、知识和资源；当任务依赖性越低，意味着团队成员不需要他人帮助和合作就可以独立完成工作任务（Van der Vegt、Emans、Van de Vliert, 2000; Wageman, 1995）。

绩效考核导向。绩效考核导向是指员工感觉到组织绩效考核的最终目的（Cleveland et al., 1989）。自从（Meyer, 1956）提出绩效考核的双重本质之后，学术界开始将绩效考核导向分为发展式绩效考核（Developmental performance appraisal）导向和评估式绩效考核（Evaluative performance appraisal）导向两种类型。前者是为了确定如何激励员工使其有更高的绩效表现，提高职业规划和绩效反馈，提出员工工作不足改善意见，挖掘员工潜力，并提供相关培训和职业规划；后者是为了评估员工绩效而展开的，考核结果决定员工的薪酬水平与奖金、职位调动、去留、升迁或降职等奖惩措施。

第四节 本书研究内容和方法

一 研究内容

关注团队反思的影响因素及有效性已经成为一个明显趋势。这一类研究在激烈的竞争环境中有着更为重要的现实意义。在快速变化的环境中企业一旦作出错误的决策,将面临比以前更大的损失。为了避免各种潜在风险和损失,企业就需要时刻保持正确的方向和采取灵活的行动,并根据内外环境变化及时调整各项活动。如果团队能够对团队实际运行情况和所处的工作环境进行反思并根据环境变化制定应对策略,那么团队则会变得更加有效。正因为团队反思为团队提供自我反省、自我检讨的机会,逐渐被学者认为是应对快速变化的环境行之有效的手段之一。

团队反思意味着团队成员在一起检视过去不足和承认过去的错误,并纠正一些错误的方向和行动。在面对不足和错误时,人们往往视而不见,不愿意承认。这就意味着团队反思难以自发地形成。在推动团队反思过程中也会受到多种因素的制约和影响。寻找团队反思的阻碍因素和促进因素逐渐成为学术界需要面对的话题。因此,本书第一个目的将是探讨社会魅力型领导对团队反思的影响并检验团队调节焦点导向和外部环境不确定性的调节效应。

创新作为团队反思有效性重要的观察指标之一,主要原因有两个方面:一方面是创新日益成为企业维持竞争优势、可持续发展的重要手段之一;另一方面是如何提高企业的创新能力不断成为学术界和管理界共同关注的重要话题。虽然有研究将团队反思与创新活动联系在一起,但是它们之间的复杂关系还依然缺乏深入探讨。团队反思如何影响团队创新,需要学者深入探讨和研究。团队共享心智模式和团队信息资源交换被认为是解释团队投入和团队产出重要的理论和观点。团队共享心智模式和团队信息资源交换能否有效地解释团队反思与创新活动之间的关系,目前学术界还没有详细说明和实证研究。因此,本书第二个目的是利用共享心智模式理论和信息资源交换观点解释团队反思对创新活动的影响。

根据情境互动理论,一种因素对另一种因素的影响会受到情境因素的干扰。团队反思对团队创新的影响会不会受到情境因素的影响,比如，任务相互依赖性和绩效考核导向等影响，目前学术界并没有给出详细解释和实证研究。在讨论团队投入和团队产出之间的关系时，大部分学者都采用情境交互方式进行研究。因此，本书第三个目的是采用情境交互方式探讨团队反思与团队创新之间的权变关系。

根据上述的研究总体构思，整体研究模型如图1—1所示：

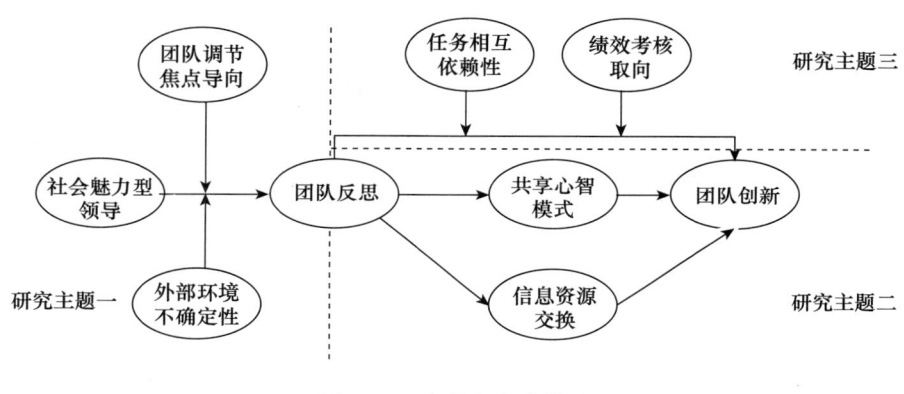

图1—1 本书研究总模型

（1）社会魅力型领导对团队反思影响的权变模型

综合运用文献研究、访谈法和问卷调查方法探讨团队反思的形成机制。首先，实证分析社会魅力型领导是否有助于团队反思的影响？其次，利用交互作用方式分析团队促进焦点导向和团队抑制焦点导向是强化社会魅力型领导对团队反思的影响，还是弱化社会魅力型领导对团队反思的影响？最后，利用交互作用方式分析外部环境不确定性是强化还是弱化社会魅力型领导对团队反思的影响？采用SEM结构方程和分层回归分析方法对数据进行分析。

（2）团队反思对团队创新影响的中介机制

综合运用文献研究、访谈法和问卷调查方法分析团队反思对创新活动的中介机制，即重点关注团队共享心智模式和团队信息资源交换在团队反思与团队创新之间的中介作用。首先，实证检验团队共享心智模式在团队反思与团队创新之间的中介效应；其次，团队信息资源交换在团队反思与团队创新行为之间的中介效应。采用 SEM 结构方程和 SPSS 软件对数据进行分析。

（3）团队反思对团队创新影响的权变模型

综合运用文献研究、访谈法和问卷调查方法分析团队反思对创新活动的边界条件，即重点关注绩效环境特征中绩效考核导向和工作特征中任务相互依赖性对团队反思和团队创新之间关系的调节效应。首先，实证检验绩效考核导向中发展式绩效考核导向和评估式绩效考核导向对团队反思和团队创新之间关系的调节效应；其次，实证检验团队任务相互依赖性对团队反思和团队创新之间关系的调节效应。采用 SEM 结构方程和分层回归分析方法对数据进行分析。

二 研究方法

（1）文献研究法。通过中国知识资源总库（CNKI）、Proquest、Business Source ultmate、Premiere、Emerald、SCII、SAGE、Springer-Link、Wiley InterScience 等数据库，查阅国内外文献资料，了解团队反思研究现状与不足，借鉴国内外其他学者的研究成果和研究方法，提出本书研究的框架。

（2）问卷调查法。本书使用中西方成熟的量表作为调查工具，问卷主要由 10 个部分构成，社会魅力型领导测量、团队反思测量、外部环境不确定性测量、团队调节焦点导向测量、团队创新测量、团队共享心智模式测量、团队信息资源交换测量、绩效考核导向测量、团队任务相互依赖性测量以及控制变量测量。各个部分的测量项目主要借鉴国内外研究成果，并在此基础上做适当修改而形成。设计好的问卷主要在河南安阳钢铁企业和湖南长沙大型制造企业中进行发放与填写。

（3）统计分析。本书主要采用结构方程方法，对整个模型及变量检验，拟采用 SPSS15.0、AMOS7.0 统计软件作为分析工具。对调查数据检验，利用 SPSS 做信度与效度检验，同时也利用 AMOS 做验证性因子分析，然后使用 SPSS 做相关分析与分层回归分析。

第五节 本书技术路线与结构安排

本书写作过程主要遵循如图 1—2 所示技术路线，在安排论文结构时也参照了该思路，全文逻辑思路与结果安排如下：

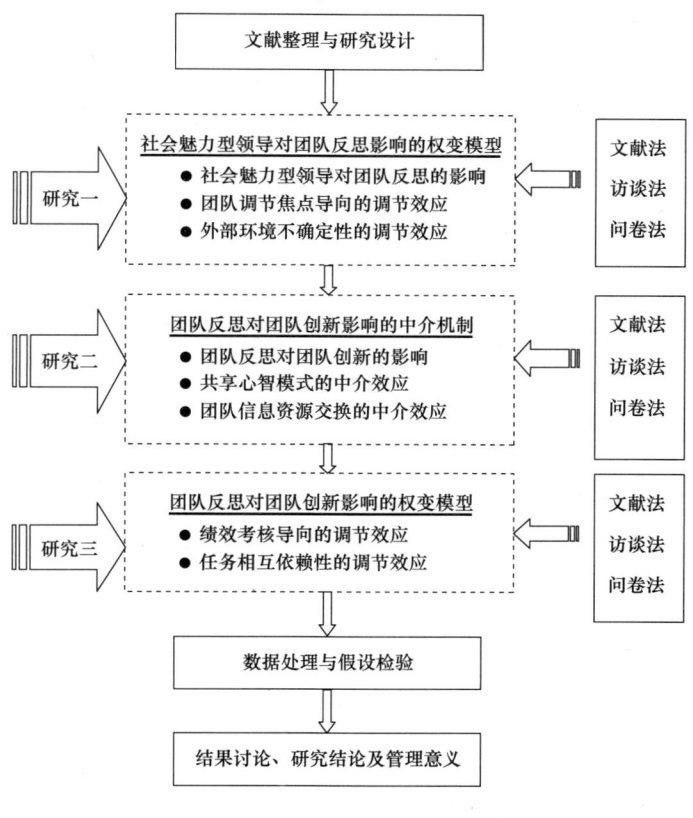

图 1—2 研究技术路线图

第一章，绪论。主要从实践和理论两个方面阐述团队反思的形成机制及有效性研究的必要性，说明该研究主题的目的意义，介绍研究内容和方法，提出研究采用的技术路线与论文结构安排。

第二章，文献综述。本章梳理团队反思的研究现状和不足，主要从四个方面进行梳理：整理团队反思的概念、结构与测量，整理团队反思的影响因素，团队反思的有效性研究以及评述团队反思相关研究。

第三章，社会魅力型领导对团队反思影响的权变模型。根据前面第一章和第二章，开始第一个子研究，探讨团队反思的形成机制，主要从领导视角探讨社会魅力型领导对团队反思影响的权变模型，重点关注外部环境不确定性和团队调节焦点导向的调节效应。本子研究主要从本章引言、研究假设、研究方法、数据分析与结果、结果与讨论五个方面展开研究。

第四章，团队反思对团队创新的影响机制。根据前面第一章和第二章，开始第二个子研究，探讨团队反思有效性，主要通过团队创新来检验团队反思的有效性，即探讨团队反思对团队创新的影响过程，重点关注团队共享心智模式和团队信息资源交换的中介效应。本子研究主要从问题提出、理论与假设、研究方法、数据分析与结果、结果与讨论五个方面展开研究。

第五章，团队反思对团队创新影响的权变模型。根据前面第一章和第二章，开始第三个子研究，探讨团队反思对团队创新影响边界条件，重点关注团队任务相互依赖性与绩效考核导向的调节效应。本子研究主要从问题提出、理论与假设、研究方法、数据分析、分析与讨论五个方面展开研究。

第六章，团队反思研究展望。根据第三章、第四章和第五章研究结果，整理本书的研究结论，并根据第三章、第四章和第五章的研究情况总结本书研究的局限性，并在此基础上指出未来可能的研究方向。

第二章

文献综述

第一节 团队反思概念及其结构与测量

一 团队反思的概念

在复杂多变的环境下,团队工作方式越来越受到企业的关注。团队有效性已经成为影响组织发展和成功的关键因素之一。如何提高团队有效性,逐渐受到学者的关注和研究。在研究团队有效性时,有的学者从团队投入视角探讨团队特征要素和能力构成对团队有效性的影响;有的学者从团队过程视角探讨团队互动行为和过程对团队有效性的影响,甚至有学者从团队及个人产出结果等方面探讨团队的有效性。其中在团队过程视角中,(West,1996)提出团队反思(team reflexivity)的概念,认为其是影响团队效能重要的活动之一。(Carter、West,1998)同时也指出团队反思虽然作为团队互动过程重要的活动之一,尤其在面临复杂任务的情况下或者创新任务的情况下(Hoegl、Parboteeah,2006;Wong、Tjosvold、Su,2007),团队反思显得尤为关键,但是却被很多学者所忽视。

当团队成员共同在一起对所处内部和外部环境进行回顾、反省和总结,并根据内外环境变化作一些适当的变动和调整,团队将变得更加具有活力和适应力(West、Hirst,2003)。一些创新领域的学者将（West，1996）提出的团队反思概念融入创新团队相关的研究中并进行探讨，指出团队反思是指团队成员集体对团队所处环境、战略决策、团队目标和内部互动方式进行公开的反省和检讨，并根据这些反省结果作出适应性调整的程度（Schippers、Den Hartog、Koopman，2007；De Dreu，2002）。需要特别强调的是团队反思的提出背景是基于团队活动过程。团队反思的内容是与团队任务相关的议题。在团队层面观察这种集体反思，关注的是团队成员对目标执行过程中的反省和检讨等行为。通过集体反省可以促进团队成员对有关任务的重新认识并对过去习惯性做法提出质疑，进而有助于改善团队过程、行为和结果（West、Anderson，1996）。

回顾国内外团队反思的相关研究。（West，1996）首次提出的团队反思概念，将团队反思界定为团队成员对团队目标、战略、过程进行公开反省并根据内外环境动态情况对团队目标、战略和过程进行适应性调整的过程。后来（West等，1997）从反思内容对团队反思作了进一步说明和解释，将团队反思看成一系列的行为组合，包括质疑、计划、探索性学习、分析、多方探索、元学习、使用显性知识及回顾过去的事情。（Schippers等，2007）、（Müller等，2009）也采用类似的视角，前者将团队反思认为团队成员一起公开讨论与工作相关事情的活动，后者则认为团队反思是对已经被阐述的团队隐性知识方面的反省活动。（Swift、West，1998）从团队过程视角来界定团队反思概念，认为团队反思是由反省、计划和适应性调整三个活动构成的团队过程。（Edmondson，2002）基于社会学习视角界定团队反思，把团队反思作为团队学习的一个有机组成部分，认为团队反思是能在团队成员之间产生关于过程和业绩新观点的活动。

虽然不同的学者基于不同的视角对团队反思给予了不同的界定，但是从现有团队反思的研究情况来看大部分学者还是采用West

(1996)首次提出的概念。在团队反思实际应用过程中，有的学者基于自己研究目的会对团队反思内涵作一些适当的调整，不过他们团队反思概念的使用范围和推广程度还远远不如 West（1996）提出的团队反思概念。国内学者研究团队反思主要还是采纳 West（1996）首次提出的团队反思概念。综合考虑国内外团队反思研究现状，为保持与其他学者之间一致性和延续性，本书采用 West（1996）的团队反思概念，将团队反思界定为团队成员对团队目标、战略和过程进行公开地反省并根据内外部环境情况的预期对团队目标、战略和过程进行适应性调整的过程。

二 团队反思的结构与测量

在有关团队反思的研究中，国内外学者对团队反思结构和测量没有形成统一的认识和标准。团队反思测量方面的研究整体上还是处于探索和逐步完善的阶段。尽管团队反思在不同的研究中具体测量条目存在差异和不一致的地方，但是团队反思对应的测量条目所反映的内容都是相近的，主要根据团队反思概念所描述的内容得到。目前关于团队反思主要存在单维度、二维度和三维度三种流派。

首先，单维结构和测量。大部分团队反思研究将任务反思和团队反思等同起来，混在一起使用。团队反思测量主要针对任务反思进一步分析并没有关注其他方面。在实际团队反思研究中采用单维度测量也处于主流地位，应用范围很广。比如，（Swift、West，1998）采用单维度方式测量团队反思，涵盖了9个测量条目，内容包括了（West，1996）的团队反思概念中强调对团队环境、战略和目标的反省和检讨并作出适应性调整。持有类似观点的学者还有 Hoegl、Parboteeah（2006），De Dreu（2002；2007），Tjosvold 等（2004），van Ginkel、Tindale（2009）以及 De Jong、Elfring

(2010) 等。

其次，二维结构和测量。Carter、West (1998) 在进行团队反思量表开发过程中，将团队反思分为任务反思 (task reflexivity) 和社会反思 (social reflexivity) 两类，其中任务反思主要从目标、工作方式、工作方法、团队工作效率、应对外部环境的目标适应性调整、团队战略转变、内部信息沟通方式和决策方式反省八个方面测量；社交反思主要从团队支持、团队压力、团队冲突、团队技能学习、团队合作、团队友善和团队讨论七个方面进行测量。Hirst、Mann (2004) 将团队反思分为任务反思 (4个测量条目) 和过程反思 (3个测量条目) 两类，其中任务反思是指对任务的总体目标以及对总体工作目标完成方式的反思，而过程反思是指对工作过程中的沟通、合作等有效性反思。Schippers 等 (2007) 将团队反思分为评估或学习 (evaluate/learning) (14个测量条目) 和讨论过程 (discuss the process) (4个测量条目) 两类。

最后，三维结构和测量。国内学者（张文勤、刘云，2011）采用 West (1996) 对团队反思的界定，将团队反思分为三维度进行测量：任务反省 (task reflection)、过程反省 (process of reflection) 和行动调整 (action to adaption) 三个维度。其中任务反省是指对任务完成情况的反省，主要从目标执行情况、任务完成情况、工作方法和回顾过去事情四个方面进行测量；过程反省是指对决策和内部互动等团队过程方面反省，主要从团队沟通、团队目标制定程序、工作程序和团队合作四个方面进行测量；行动调整是指为了满足内部环境预期所采取适应性调整措施，主要从工作程序调整、计划调整和目标调整三个方面进行测量。

三 团队反思的内涵和结构研究现状评述

不同的学者基于各自的研究目的和需要在探讨团队反思时对团

队反思的概念作出不同操作定义。回顾团队反思相关的研究时，大部分学者还是遵照 West（1996）提出团队反思的概念展开相关研究。尽管有学者对团队反思概念做过一些修正与扩展，但是整体上还是没有脱离 West（1996）提出团队反思的内涵范畴。同时，我国学者在研究团队反思也主要采纳 West（1996）对团队反思的定义。因此在综合国内外有关团队反思的研究，本书遵照主流学者的做法，采用 West（1996）提出的团队反思概念，将团队反思界定为团队成员对团队目标、战略和过程进行公开的反省，并根据内部和外部环境情况的预期对团队目标、战略和过程进行适应性调整的过程。有关团队反思的测量，学术界并没有给出统一的结构和测量标准。团队反思测量方式还存在很多争议。目前团队反思的测量主要存在单维度测量、二维度测量和三维度测量三种方式。本书通过对这些测量量表详细地整理和分析，目前学术界对团队反思的测量主要还是基于任务方面的反思来展开相关的测量，甚至有的学者直接将任务反思与团队反思等同起来。大部分学者使用团队反思的测量量表时，也主要以任务反思为中心，要么采用单维度对任务反思进行测量，要么将任务反思细分为几个维度进行测量，整体上这些测量并没有脱离任务反思的内涵。因此，将团队反思与任务反思等同起来具有一定的合理性和理论依据。

第二节　团队反思的形成机制研究

自从 West 在 1996 年提出团队反思的概念之后，团队反思日益引起学者的广泛关注和研究。很多研究也证实了团队反思对团队效率和团队效果有不错的影响效果。如何提高团队反思逐步成为管理者和学术界所要面临的现实问题和挑战。同时，学者也尝试对团队反思的形成机制给予解释和实证研究。回顾过去团队反思的研究成果，本书对团队反思的影响因素进行总结，具体统计情况如表2—1所示。我们从团队特征因素、领导因素、团队内部互动因素、团队认知因素、工作特征因素五个方面对团队反思的影响因素进行梳理。

一 团队特征因素对团队反思的影响

Schippers 等（2003）通过对来自13个组织54个团队问卷调查的数据分析，结果显示团队整体多样性（涵盖了性别多样性、教育水平多样性和工龄多样性三个方面）对团队反思没有直接作用，但是团队整体多样性对团队反思的影响会受到结果依赖和团队成立时间的干扰。针对结果依赖性干扰情况，结果依赖性高时团队整体多样性正面影响团队反思；结果依赖性低时团队整体多样性负面影响团队反思；针对团队成立时间的干扰情况，团队成立时间早时团队整体多样性抑制团队反思；团队成立时间晚时团队整体多样性却正面影响团队反思。（Hoegl、Parboteeah，2006）通过对来自德国145个软件开发团队575名成员问卷调查的数据分析，结果显示团队能力中社交能力和项目管理能力有助于团队成员参与团队反思活动。MacCurtain 等（2010）针对以色列39家软件企业高层管理团队调查时发现高层管理团队教育水平、高层管理团队工龄多样性和年龄多样性与团队反思没有直接作用，而是间接通过高层管理团队可信赖性影响团队反思。

二 领导因素对团队反思的影响

Hirst、Mann（2004）探讨领导不同的角色对团队过程和结果的影响。他们通过对来自4个组织的56个团队的数据分析，研究发现领导创新角色会正面影响团队反思。Schippers 等（2008）尝试探讨变革型领导对团队过程和结果的影响。他们通过对来自信息技术行业（IT）、银行保险行业、政府部门和化工行业32个团队的数据分析，研究发现变革型领导风格会促进团队反思 Hammedi 等（2011）通过在线问卷方式调查来自不同国家和地区的126名员工，得到与 Schippers 等（2008）一样的结论，即变革型领导风格会促进团队反思。国内学者王端旭、武朝艳（2010）也支持这一观点。

三 团队内部互动因素对团队反思的影响

Tojsvold 等（2003）探讨从团队内部互动中的冲突管理方式对团队反思的影响。他们通过对上海100家企业100个团队问卷调查的数据分析，结果发现不同的冲突管理方式对团队反思产生不同的影响，其中合作解决冲突方式有助于促进团队反思，竞争和回避解决冲突反而抑制团队反思活动。Dayan、Basarir（2008）通过107个生产团队和项目团队问卷调查的数据分析，结果显示团队内部授权氛围有助于团队反思。De Jong、Elfring（2010）从内部互动关系角色出发探讨团队信任与团队反思之间的关系。他们研究表明团队信任有助于团队反思。Zhang（2012）通过对84个工程师团队265名成员的调查，结果发现团队建言氛围有助于团队反思。

四 团队认知因素对团队反思的影响

Dayan、Basarir（2008）研究了公平认知、团队记忆交互系统对团队反思的影响。他们通过107个生产团队和项目团队问卷调查的数据分析发现，不同的公平感知对团队反思有影响，互动公平促进团队反思，程序公平对团队反思没有明显的影响，同时发现团队记忆交互系统也促进团队反思。Wong 等（2007）基于社会印象视角探讨社会面子的影响。通过调查 103 个顾客组织和对应 103 个供应商组织，他们研究发现社会面子有助于促进团队反思。Hammedi 等（2011）通过对美国、欧洲、日本等国家地区的 126 名员工调查，结果显示团队成员感知到程序理性有助于团队成员参与团队反思活动。

五　工作特征因素对团队反思的影响

（Tojsvold 等，2004）探讨不同工作目标类型对团队反思的影响。通过对 100 个团队 200 名成员问卷调查的数据分析，他们研究发现不同的工作目标类型对团队反思的影响有差异。其中合作性的目标将团队成员融合在一起，有助于团队成员参与团队反思活动；竞争性目标却鼓励团队成员内部竞争，抑制了团队成员参与团队反思活动；同时独立性目标让团队成员只关注自身目标，不利于团队成员关注集体目标，进而抑制团队成员参与团队反思的活动。

六　团队反思的影响因素研究现状评述

自从团队反思的概念提出来之后，学术界对团队反思给予持续性关注。学者不断通过实证研究支持团队反思不仅能够有效提高团队绩效，而且有助于员工参与业绩持续性改进的活动，比如，创新。如何激发团队成员参与反思活动成为学术界和实践关注的重要话题。截至目前，团队反思的前因变量研究结果，如表 2—1 所示。回顾过去团队反思的研究，学者尝试了探讨团队反思的形成机制，不过这些结论大部分分散在各个研究中，缺乏系统性研究和探讨。尽管有学者探讨了团队特征因素、领导因素、团队互动因素、团队认知因素、工作特征因素五个方面对团队反思的影响，但是这些研究总体还是处于初级探索阶段，缺乏深度，需要学者进一步深入地

表 2—1 团队反思的影响因素研究现状

研究者（时间）	研究视角	前因变量	中间变量	调查对象	团队类型	研究方法	研究观点
Schippers et al, 2003	情境权变观点	整体多样性	1. 结果依赖性 2. 团队成立时间	荷兰13个组织的54名团队领导和406名员工	管理团队、生产团队、服务团队、学校管理团队以及援助团队	问卷调查	整体多样性对团队反思的影响受到结果依赖性的干扰，即结果依赖性高时，整体多样性正面作用于团队反思，结果依赖性低时，整体多样性负面作用于团队反思；整体多样性对团队反思的影响受到团队成立时间的干扰，即团队成立时间早，整体多样性负面作用于团队反思，团队成立时间晚，整体多样性正面作用于团队反思

▶ 团队反思的形成机制及有效性研究

续表

研究者（时间）	研究视角	前因变量	中间变量	调查对象	团队类型	研究方法	研究观点
Tojsvold et al., 2003	冲突管理视角	1. 合作方式 2. 竞争方式 3. 回避方式		中国上海100家企业，100名经理和200名员工	财务团队、投资团队、生产团队、销售团队、人事团队、商业团队、物流团队和其他类型团队	问卷调查	合作解决冲突方式有助于促进团队反思 竞争解决冲突方式不利于促进团队反思 回避解决冲突方式不利于促进团队反思
Tojsvold et al., 2004	目标设置视角	1. 合作性目标 2. 竞争性目标 3. 独立性目标		中国上海100家企业100名经理和200名员工	财务团队、投资团队、生产团队、销售团队、人事团队、商业团队、物流团队和其他类型团队	问卷调查	合作性目标有助于促进团队反思 竞争性目标不利于促进团队反思 独立性目标不利于促进团队反思
Hirst, Mann, 2004	领导角色视角	领导创新角色		英国4个组织56名团队领导和350名员工	研发团队	问卷调查	从领导角色视角，研发现领导创新角色有助于促进团队反思

续表

研究者（时间）	研究视角	前因变量	中间变量	调查对象	团队类型	研究方法	研究观点
Hoegl, Parboteeah, 2006	能力视角	1. 社交技能 2. 项目管理能力		德国145个团队575名成员	软件开发团队	问卷调查	社交技能有助于促进团队反思 项目管理能力有助于促进团队反思
Wong et al., 2007	社会印象视角	社会面子		中国上海103对顾客组织和供应商组织，103个顾客组织和103个供应商组织	没有明显团队类型	问卷调查	基于社会印象视角，研究发现社会面子有助于促进团队反思
Schippers et al, 2008	领导视角	变革型领导	共享远景	英国IT、银行保险、政府和化工等行业的32名团队领导和238名员工	管理团队、服务团队、生产团队和政府服务团队以及援助团队	问卷调查	从领导视角，研究发现变革型领导有助于促进团队反思 共享远景有助于促进团队反思 共享远景完全中介变革型领导与团队反思之间的关系

· 27 ·

▶ 团队反思的形成机制及有效性研究

续表

研究者（时间）	研究视角	前因变量	中间变量	调查对象	团队类型	研究方法	研究观点
Dayan, Basarir, 2008	1. 公平视角 2. 记忆交互视角 3. 目标设置视角 4. 组织氛围视角	1. 交互记忆系统 2. 目标清晰 3. 团队授权 4. 互动公平 5. 程序公平		土耳其的食品、材料、软件、机械、化工和电信等行业的107名团队领导和335名员工	生产团队和项目团队	问卷调查	从公平视角，研究发现互动公平有助于促进团队反思；程序公平对团队反思没有显著影响 从记忆交互视角，研究发现团队交互记忆系统有助于促进团队反思 从目标设置视角，研究发现目标设置清晰有助于促进团队反思 从组织氛围视角，研究发现团队授权氛围有助于促进团队反思
De Jong, Elfring, 2010	信任视角	团队内部信任		荷兰一家跨国经营咨询企业税务部门73名团队领导和565名员工	持续性团队	网页问卷调查	从信任视角，研究发现团队内部信任有助于促进团队反思

· 28 ·

续表

研究者（时间）	研究视角	前因变量	中间变量	调查对象	团队类型	研究方法	研究观点
MacCurtain et al., 2010	团队成分构成视角	1. 团队教育水平 2. 团队工龄多样性 3. 团队年龄多样性	高层管理团队可信赖性	以色列39家软件企业，39名CEO，160名团队成员	高层管理团队	问卷调查	高层管理团队可信赖性完全中介高层管理团队教育水平与团队反思之间的关系 高层管理团队可信赖性完全中介高层管理团队工龄多样性与团队反思之间的关系 高层管理团队可信赖性完全中介高层管理团队年龄多样性与团队反思之间的关系
王端旭、武朝艳，2010	领导视角	变革型领导		中国240名员工	没有区分团队类型	问卷调查	变革型领导有助于促进团队反思

· 29 ·

▶ 团队反思的形成机制及有效性研究

续表

研究者（时间）	研究视角	前因变量	中间变量	调查对象	团队类型	研究方法	研究观点
Hammedi, van Riel, Sasovova, 2011	1. 领导视角 2. 认知视角	1. 变革领导 2. 程序理性		美国、欧洲和日本等国家和地区的企业126名员工	没有明显的团队类型	在线问卷调查	从领导视角，研究发现变革型领导有助于促进团队反思 从认知视角，研究发现团队成员感知到程序理性有助于促进团队反思
Zhan, 2012	组织氛围	团队建言氛围		中国84个团队265名成员	工程师团队	问卷调查	团队建言氛围有助于提高团队反思

· 30 ·

研究，比如，这些变量是如何影响团队反思的以及影响团队反思的边界条件；同时，团队反思的前因变量研究还有很多尚未开发的领域，比如，领导风格和团队价值观以及外部环境不确定性对团队反思的影响。

第三节 团队反思的有效性研究

自从West在1996年提出团队反思的概念之后，团队反思逐渐引起学者的广泛关注和研究。学者尝试去探讨并验证团队反思在各个应用领域的有效性，也尝试寻找在应用过程中团队反思的有效性会受到哪些因素抑制或者促进。回顾过去团队反思的研究成果，本书对团队反思的有效性研究进行系统性整理和总结，具体统计情况如表2—2所示。本书从认知和能力、态度、行为、结果四个方面对团队反思的有效性进行梳理和总结。

一 团队反思对工作认知和能力的影响研究

目前，研究团队反思对工作认知和能力方面的影响研究主要集中在幸福感、团队共享心智模式、团队可信赖性和共享细节认识等方面。Carter、West（1998）在探讨团队反思的影响效果时，通过对BBC-TV生产团队119名团队成员问卷调查之后发现，团队反思有助于提高情感方面的幸福感和一般幸福感。Gurtner等（2007）通过实验室研究方式证实了团队反思有助于塑造团队共享心智模式，并且还证实了战略沟通部分中介团队反思对团队共享心智模式的影响。我国学者王端旭、武朝艳（2010）调查240名员工时发现团队反思有助于提高团队成员对团队可信赖性方面的认知，也有助于提高团队专长能力。van Ginkel等（2009）通过实验室研究方法证实团队反思有助于形成共享细节认识,并且两者之间的关系会受到有无关注细节人的存在因素干扰。

二 团队反思对工作态度的影响研究

目前,研究团队反思对工作认知方面的影响研究主要集中在满意度、承诺、决策一致性等方面。首先,针对满意度方面的研究,有学者证实团队反思有助于提高团队满意度,比如,Schippers等(2003)通过对来自13个组织的54个团队406名员工研究发现,团队反思有助于提高工作满意度;国内学者张文勤、刘云(2011)研究发现团队反思有助于提高团队成员内部合作满意度;杨卫忠等(2012)发现团队反思有助于提高决策满意度。然而,也有学者证实团队反思不显著影响工作满意度,比如,Carter、West(1998)通过对BBC-TV生产团队119名团队成员问卷调查之后发现团队反思对工作满意度没有显著影响。其次,针对承诺方面的研究。Schippers等(2003)研究发现团队反思有助于提高团队成员对团队的承诺。最后,杨卫忠等(2012)利用实验研究方法证实了团队反思有助于增强团队决策一致性。

三 团队反思对工作行为的影响研究

目前,研究团队反思对工作行为方面的影响研究主要集中在公民行为、内部互动行为、学习行为和创新行为等方面。首先,针对公民行为方面的影响研究。Tojsvold等(2003)认为团队反思不是对所有的组织公民行为都会产生显著性的影响,只是对部分的组织公民行为会产生显著性的影响。他们通过实证研究表明团队反思仅仅有助于认同行为,对利他行为、责任行为、和谐行为和维护行为都没有显著性影响。Carter、West(1998)通过对BBC-TV生产团队问卷调查发现,团队反思与听众参与行为之间没有显著性关系。

其次，针对内部互动行为的影响研究。Gurtner 等（2007）通过实验室方法证实了团队反思有助于提高团队内部战略沟通和战略执行。Wong 等（2007）则通过问卷调查方法证实了团队反思有助于提高团队内部资源交换行为。再次，针对学习行为方面的影响研究。Schippers 等（2012）指出团队反思有助于提高团队学习并且它们之间的关系会受到初始绩效的影响。Lee、Sukoco（2011a）通过实证研究表明团队反思会促进团队反学习。最后，针对创新方面的影响研究。Wong 等（2007）通过实证研究表明团队反思对团队创新没有直接作用，而是间接通过团队学习影响团队创新。Mac-Curtain 等（2010）却发现了团队反思与产品创新之间存在显著的正面直接作用。持有类似观点的学者有 Dayan、Basarir（2008），Lee、Sukoco（2011a）以及 Tojsvold et al.（2004）。不过 Dayan、Basarir（2008）还发现环境不确定性会影响团队反思与团队创新之间的关系；Lee、Sukoco（2011a）则发现程序公平会影响团队反思与产品成功之间的关系。

四 团队反思对工作结果的影响研究

目前，研究团队反思对工作绩效方面的影响研究主要集中在团队绩效、决策质量、团队效能和团队效率等方面。首先，针对团队绩效方面的影响研究。大部分研究都一致认为团队反思有助于提高团队绩效和角色内绩效，比如，Carter、West（1998）研究发现团队反思有助于提高团队绩效，持有类似观点的有 Schippers 等（2003），Hirst、Mann（2004），Zhan（2012），张文勤、刘云（2011）。不过 Schippers 等（2012）则认为团队反思对最终绩效没有直接影响，而是间接通过团队学习影响最终绩效，并且初始绩效调节团队反思和最终绩效之间的关系，即初始绩效低时团队反思对最终绩效正面影响更大；初始绩效高时团队反思却负面影响最终绩效。其次，针对决策质量方面的影响研究。van Ginkel 等（2009）通过实验研究方法证实了团队反思有助于提高团队决策质量，持有类似观点的还有国内学者杨卫忠等（2012）。再次，针对团队效能方面的影响研究。Hoegl、Parboteeah（2006）通过实证研究表明团队反思有助于提高决策效能，持有类似观点的学者有 Hammedi 等（2011）。最后，针对团队效率方面的影响研究。Hammedi 等（2011）通过实证研究表明团队反思有助于提高决策效率，持有类似观点的学者有张文勤、刘云（2011），然而，Hoegl、Parboteeah（2006）则认为团队反思对团队效率没有显著的影响。

五 团队反思的有效性研究现状评述

自团队反思提出来之后，其有效性引来后来学者的持续关注。学者尝试在不同的领域检验团队反思的有效性，比如，团队反思对团队认知和能力、团队态度、行为和结果等方面进行检验其有效性，具体研究结论如表 2—2 所示。回顾过去团队反思有关研究，团队创新和团队绩效被当成检验团队反思有效性两个重要的指标并且受到学者广泛的应用。团队创新作为企业维持竞争优势和可持续发展重要的手段，受到很多学者和管理实践者持续性的关注。如何有效提高创新能力，成为很多企业面临的重大挑战。为了呼应现实企业界的需求，学术界也尝试从各个方面去探讨团队创新的影响因素，其中团队过程被认为影响团队创新重要的前因变量。团队反思能否有助于团队创新，不同学者给予不同的解释和回答，但是两者之间的关系研究大部分嵌入在各个具体理论模型中，目前只有少数研究直接探讨团队反思与团队创新之间的关系。学术界呼吁后来的研究者深入探讨团队反思与团队创新之间的复杂关系，比如，团队反思影响团队创新的中介机制以及团队反思对团队创新影响的边界条件。

第二章 文献综述

表2—2 团队反思的有效性研究现状

研究者	因变量	中介变量	调节变量	调查对象	团队类型	研究方法	研究观点
Carter, West, 1998	1. 团队绩效 2. 情感幸福感 3. 一般幸福感 4. 工作满意度 5. 听从参与			27个团队119名团队成员	BBC-TV 生产团队	问卷调查	团队反思有助于提高团队绩效 团队反思有助于提高情感幸福感（affective well-being） 团队反思有助于提高一般幸福感（general well-being） 团队反思对工作满意度没有显著影响 团队反思对听从参与没有显著影响
Schippers et al., 2003	1. 团队成员满意度 2. 团队承诺 3. 团队绩效			荷兰13个组织的54名团队领导和406名员工	管理团队、生产团队、服务团队、学校管理团队以及援助团队	问卷调查	团队反思有助于提高团队成员满意度 团队反思有助于提高团队成员对团队的承诺 团队反思有助于提高团队绩效

· 35 ·

续表

研究者	因变量	中介变量	调节变量	调查对象	团队类型	研究方法	研究观点
Tjosvold et al., 2003	1. 角色内绩效 2. 认同行为 3. 利他行为 4. 责任行为 5. 和谐行为 6. 维护行为			中国上海100家企业，100名经理和200名员工	财务团队、投资团队、生产团队、销售团队、人事团队、商业团队、物流团队和其他类型团队	问卷调查	团队反思有助于提高角色内绩效 团队反思有助于提高认同行为 团队反思对利他行为没有显著的影响 团队反思对责任心没有显著影响 团队反思对和谐行为没有显著的影响 团队反思对维护行为没有显著的影响
Hirst, Mann, 2004	团队绩效			英国4个组织56名团队领导和350名员工	研发团队	问卷调查	团队反思有助于提高团队绩效

续表

研究者	因变量	中介变量	调节变量	调查对象	团队类型	研究方法	研究观点
Tjosvold et al., 2004	团队效能			来自中国上海100家企业100名经理和200名员工	财务团队、投资团队、生产团队、销售团队、人事团队、商业团队、物流团队和其他类型团队	问卷调查	团队反思有助于提高团队创新
Hoegl, Parboteeah, 2006	1. 团队效能 2. 团队效率			德国145个团队575名成员	软件开发团队	问卷调查	团队反思有助于提高团队效能 团队反思对团队效率没有显著的影响
Gurtner et al., 2007	团队绩效	1. 共享心智模式 2. 战略执行 3. 战略交流		瑞士大学生49个小组147名学生	实验小组	实验法	团队反思有助于提高战略执行与沟通 团队反思有助于提高团队成员共享心智模式与团队绩效

▶ 团队反思的形成机制及有效性研究

续表

研究者	因变量	中介变量	调节变量	调查对象	团队类型	研究方法	研究观点
Wong et al., 2007	创新	资源交换		中国上海103对顾客组织和供应商组织，103个顾客组织和103个供应商组织	没有明显团队类型	问卷调查	团队反思有助于促进团队内部资源交换；团队内部资源交换完全中介团队反思和团队创新之间的关系
Schippers et al., 2008	团队绩效			英国IT、银行保险、政府和化工等行业的32名团队领导和238名员工	管理团队、服务团队、生产团队、政府服务团队以及援助团队	问卷调查	团队反思有助于提高团队绩效

· 38 ·

续表

研究者	因变量	中介变量	调节变量	调查对象	团队类型	研究方法	研究观点
Dayan, Basarir, 2008	1. 产品成功 2. 市场开发速度		环境不确定性（市场不确定性和技术不确定性）	土耳其的食品、材料、软件、机械、化工和电信等行业的107名团队领导和335名员工	生产团队和项目团队	问卷调查	团队反思有助于提高产品成功；团队反思对市场开发速度没有显著影响；环境不确定性调节团队反思与产品成功之间的关系，即相比环境不确定性低时，环境不确定性高时团队反思对产品成功正面影响更大
van Ginkel et al., 2009	决策质量	注重细节的成员存在（有和无两种类型）	1. 共同强调任务细节 2. 注重细节行为	美国中西部的一所大学生	决策小组	实验研究	相比没有强调细节的人存在时，有强调细节的人存在时团队反思对群体决策质量影响更大；团队反思通过影响共同强调细节，继而通过注重细节行为影响群体决策质量

· 39 ·

续表

研究者	因变量	中介变量	调节变量	调查对象	团队类型	研究方法	研究观点
Mac Curtain et al., 2010	新产品创新			以色列39家软件企业，39名CEO，160名团队成员	高层管理团队	问卷调查	团队反思和有成员强调细节交互项影响共同强调细节，进而通过注重细节行为影响群体决策质量 团队反思有助于提高产品创新
王端旭、武朝艳，2010	1. 团队专长 2. 团队可信赖 3. 团队协调			中国240名员工	没有区分团队类型	问卷调查	团队反思有助于提高团队专长 团队反思有助于提高团队可信赖 团队反思有助于提高团队协调

续表

研究者	因变量	中介变量	调节变量	调查对象	团队类型	研究方法	研究观点
Lee、Sukoco, 2011a	产品创新	团队学习		台湾77个团队298名成员	新产品研究团队	问卷调查	团队反思有助于提高团队学习；团队反思有助于提高团队产品创新；团队学习部分中介团队反思与团队产品创新之间的关系；程序公平调节团队反思和产品创新之间的关系，即相比程序公平低时，程序公平高时团队反思对产品创新正面影响更大
Hammedi、van Riel、Sasovova, 2011	1. 决策效能 2. 决策效率			主要调查美国、欧洲和日本等国家和地区的企业126名员工	没有明显的团队类型	在线问卷调查	团队反思有助于提高决策效能；团队反思有助于提高决策效率

· 41 ·

续表

研究者	因变量	中介变量	调节变量	调查对象	团队类型	研究方法	研究观点
张文勤、刘云，2011	1. 任务绩效 2. 合作满意度 3. 团队效率			115 个团队 115 名团队领导和 592 名团队成员	研发团队	问卷调查	任务反省、过程反省和行动调整都有助于提高团队任务绩效 任务反省、过程反省和行动调整都有助于提高团队合作满意度 任务反省对团队效率没有显著影响，而行动调整却有助于提高团队效率
Schippers et al., 2012	团队最终绩效	团队学习	初始绩效	73 个团队 223 名学生	课程学习小组	分阶段问卷调查	初始绩效调节团队反思和团队学习之间的关系，即相比初始绩效高时，初始绩效低时反思对团队学习正面影响更大 团队反思对最终绩效没有直接影响，而是间接通过团队学习影响最终绩效

续表

研究者	因变量	中介变量	调节变量	调查对象	团队类型	研究方法	研究观点
							初始绩效之间的关系，即最终绩效和初始绩效之间的关系；初始绩效对最终绩效正面影响更大；低时团队反思对最终绩效和团队学习交互项中介完全负面影响最终绩效团队反思之间的关系
杨卫忠、葛玉辉、王祥兵, 2012	1. 决策质量 2. 决策满意度 3. 决策一致性			50个团队150名学生	由MBA学生组成的团队	实验法	团队反思与决策质量呈"U"形关系 团队反思有助于提高决策满意度 团队反思有助于提高决策一致性
Zhan, 2012	团队绩效			84个团队265名成员	工程师团队	问卷调查	团队反思有助于提高团队绩效

· 43 ·

第四节　团队反思综合研究现状评述

一　以往研究团队反思的主要结论

根据上述分析，我们可以得出以下主要结论：

（1）面对外部激烈竞争时，虽然团队暂时放下工作任务对团队相关活动进行反思，不但不会降低团队效率，反而会提升团队绩效。团队反思被很多学者认为是团队进行自我调节、自我纠偏以及自我调整等重要活动。团队反思有助于团队自我反省和检查原定目标的可行性、实施这些目标过程合理性以及思索外部环境情况等，并为应对内外部环境变化调整工作目标、计划以及行动方案提供依据，进而增强团队对外部环境的适应能力。因而，团队反思逐渐成为国内外学者广泛关注的主题。

（2）尽管团队反思对团队建设和发展很重要，但是团队反思开展却不是那么一帆风顺，如绩效导向的文化，导致很多团队没有精力进行反思。探讨团队反思的因素日益成为学者关注的焦点问题。不断有学者对团队反思影响因素产生了浓厚的兴趣，也产生了一些研究成果和观点，这里需要注意的是研究者都一致认为团队反思的影响因素众多，比如，变革型领导、团队构成多样性、工作目标之间关系等，如图2—1所示，然而这些研究忽略探讨社会魅力型领导对团队反思的影响。不少的研究表明社会魅力型领导在转型期或者危机期能有效帮助企业摆脱困境，然而社会魅力型领导是否有助于促进团队反思，目前学术界还没有明确的回答。同时，也缺乏探讨社会魅力型领导与团队反思之间关系的边界条件。

（3）目前团队反思的结果变量，如图2—1所示。团队反思与团队创新之间的关系问题是团队反思有效性研究中一个不可回避的

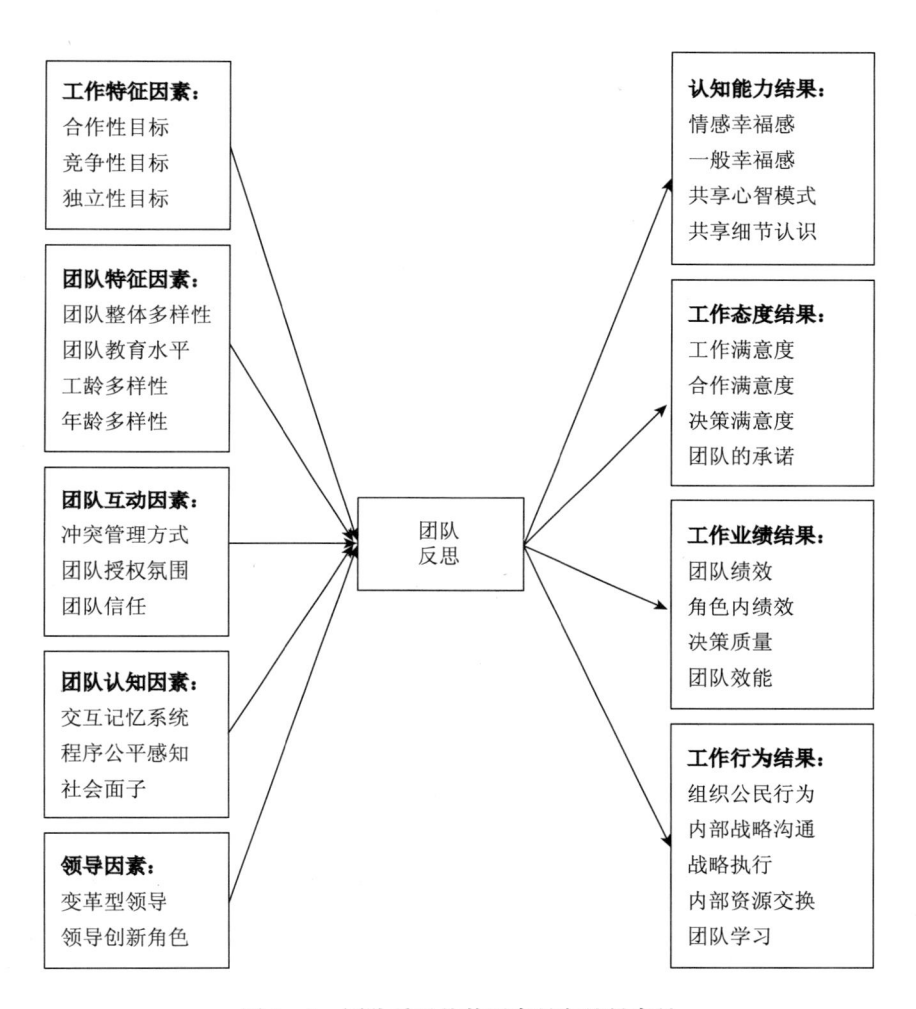

工作特征因素：
合作性目标
竞争性目标
独立性目标

团队特征因素：
团队整体多样性
团队教育水平
工龄多样性
年龄多样性

团队互动因素：
冲突管理方式
团队授权氛围
团队信任

团队认知因素：
交互记忆系统
程序公平感知
社会面子

领导因素：
变革型领导
领导创新角色

→ 团队反思 →

认知能力结果：
情感幸福感
一般幸福感
共享心智模式
共享细节认识

工作态度结果：
工作满意度
合作满意度
决策满意度
团队的承诺

工作业绩结果：
团队绩效
角色内绩效
决策质量
团队效能

工作行为结果：
组织公民行为
内部战略沟通
战略执行
内部资源交换
团队学习

图2—1　团队反思的前因变量和结果变量

问题。打开团队反思与团队创新之间关系的"黑箱"，已经成为团队反思研究的一个趋势。目前大部分研究都认为团队反思有助于提升团队创新，然而直接探讨两者之间的复杂关系研究并不多见。团队反思通过对目标、计划、行动方案、内部氛围以及外部环境进行全方位的反省和检查，有助于发现团队目标的问题和症结所在，进而为团队创新提供方向。然而，团队反思是如何影响团队创新？目前学者对这些问题还没有给出充分详细的解释和强有力的实证数据支持。

(4) 团队反思与团队创新边界条件日益引起学者的关注和探讨。虽然团队反思有助于团队发现问题和不足并为未来改进提供了方向，但是团队反思能否促进团队成员采取创新行为改进团队业绩可能会受到具体情境因素的干扰。有研究表明团队反思并不一定导致高绩效的结果，团队反思与团队绩效之间存在很多干扰因素。同时有零星研究表明创新作为团队绩效的一种，团队反思与团队创新之间关系也不是恒定不变的，两者之间关系也可能会受到具体情境因素的影响。

二 团队反思有待进一步研究的问题

已有研究认为影响团队反思的因素是多方面的，并且团队反思结果会影响团队行为决策和工作业绩。但是对于这些问题的认识却存在很多有争议的地方。此外，从领导视角来探讨团队反思形成模型，团队反思对团队创新的影响机制以及团队反思与团队创新的权变选择机制的研究还比较缺乏。具体而言，有待于研究的问题主要包括以下三个方面：

(1) 深入研究团队反思的前因变量。对团队反思的影响因素的研究是目前管理学者关注的一个焦点问题。虽然团队反思的前因变量已有学者进行探讨，但是还存在很多空白之处。甚至很多学者持续呼吁探讨团队反思的促进机制和阻碍机制。以往对团队反思的影响因素的研究比较零散、缺乏深度以及系统性。首先，有研究证明领导行为和方式会影响团队反思水平，其中变革型领导有助于提升团队反思水平，然而其他领导风格方面，尤其是领导风格与团队价值观协同对团队反思影响如何，目前学者也没有给出明确的解释和实证研究。其次，尽管有学者指出团队构成成分会影响团队反思水平，而这些研究大部分都停留在分析团队外显特征对团队反思的影响，但是对团队内隐性特征如团队价值观对团队反思的影响如何，目前学者并没有给出明确的解释和实证研究。最后，目前研究团队特征和领导特征对团队反思的影响研究时，很少有学者通过交互视角探讨团队内部特征和团队外部环境特征与领导行为共同对团队反思的影响。根据特征激活理论，任何一种特征要素对某种行为的影响会受到情境特征变量影响，领导是一个重要的情境因素。综合上述三点，通过交互方式研究领导行为和团队内部特征中价值观取向和团队外部特征中的外部环境不确定性对团队反思的影响，具有很强的理论价值。

（2）研究团队反思对团队创新影响的作用机制。作为对原定目标、计划、行动方面以及内外部环境进行全方位的反省和检查活动，团队反思为目标、计划、行动方案调整提供方向和依据。在检验团队反思的有效性时，团队创新被当成一个重要观察指标。团队反思对团队创新的影响如何，目前没有形成完全一致的意见，主要存在两种观点：有不少学者认为团队反思有助于提高团队创新水平，同时也有少数学者认为团队反思与团队创新并没有明显直接的关系。虽然有学者尝试解释团队反思与团队创新之间的复杂关系，但是目前还远远没有解释清楚两者之间关系的"黑箱"，需要进一步关注和深入探讨。在解释团队反思与团队创新之间关系时，有不少学者建议通过中介机制方式解释两者之间的关系。为此本书采用中介方式解释团队反思与团队创新之间的关系。本书认为团队反思能否有效提高团队创新水平，取决于团队反思能否有效地将团队成员认识重新统一起来，进而激发团队成员共同努力改变团队运行过程中不良的地方，换而言之，通过团队反思活动，提升团队共享心智模式水平和内部信息资源交换，进而提高团队创新。因而，利用共享心智模式理论和信息资源交换观点解释团队反思与团队创新之间的关系，将是本书要探讨的一个重要问题。

　　（3）研究团队反思对团队创新的边界条件。虽然大部分学者指出团队反思有助于提升团队创新水平，但是有学者指出团队反思并不一定能够导致团队创新，两者之间的关系会受到其他因素的干扰。另外，根据情境交互作用理论，一种因素与另一种因素之间关系会受到其他因素的干扰。团队反思与团队创新之间关系会不会受到其他因素的干扰？目前已有学者开始尝试利用情境交互的方式回答这个问题，然而，这些因素的探讨还比较集中在某一个方面，缺乏全面和系统性。甚至有学者还呼吁未来研究可以深入探讨其他特征因素，比如，团队工作特征、绩效环境特征等对团队反思与团队创新之间的关系影响。在过去的研究中，团队工作特征中任务相互依赖性和绩效环境特征中绩效考核导向被认为是影响团队投入与团队产出重要的因素。任务相互依赖性和绩效考核导向会不会影响团队反思与团队创新之间的关系？目前学者并没有给出详细解释和实证研究。因此，本书尝试利用情境交互作用理论探讨团队反思与团队创新之间的边界条件，重点关注任务相互依赖性和绩效考核导向对两者关系的影响，将是本书要探讨的一个重要问题。

第三章

社会魅力型领导对团队反思影响的权变模型

第一节 本章引言

面对日新月异的市场竞争环境和快速变化的技术环境，企业组织将应对更多的不确定性和模糊性，已经很难通过个体力量来化解，越来越依赖团队工作方式来应对这些变化和挑战（张新安、何惠、顾锋，2009；West，2002）。如果团队能够对团队实际运行情况和所处的工作环境进行反思，并根据环境变化制定相应的对策，那么团队则会变得更加有效（Carter、West，1998）。然而，生存压力和激烈的市场竞争导致企业过多关注任务完成进度，并没有太多时间去思考完成任务过程是否与任务目标相一致，从而使得企业缺乏有效制度和时间促进团队参与反思活动。经过研究发现，相比于没有反思的团队，有反思的团队的工作效率和工作结果要更好（Hoegl、Parboteeah，2006；Schippers，2003）。因此，如何激发团队反思对企业发展至关重要。领导行为对企业和员工都有重要的影响，而什么样的领导行为有助于提高团队反思水平，仍处于探索阶段（Widmer et al.，2009）。

动荡的商业环境改变了原有的竞争模式。为了更好地适应这样的环境，企业需要对自身组织战略、结构、流程等方面进行调整。然而，这些调整过程并不是一帆风顺的，需要社会魅力型领导才能推动（吴维库、刘军、黄前进，2008）。例如，任正非、马云以及张瑞敏等，他们凭借自己独特魅力引导企业员工，造就传奇的商业帝国。由于中国人治氛围比较浓厚，员工普遍具有"领袖魅力情结"（张鹏程、刘文兴、廖建桥，2011）。此外，在很多研究中都将变革型领导与魅力型领导混合使用，而且变革型领导含有魅力这个子维度，后来学者不断将魅力型领导从变革型领导中独立出来，并且将魅力型领导分成社会魅力型领导和个人魅力型领导，其中社会魅力型领导关注团队利益，个人魅力型领导关注个人利益。在激发团队反思过程中，社会魅力型领导比个人魅力型领导会产生更大的影响，更能够引导团队成员放弃个人成见和利益，为团队利益献计献策，因此，研究社会魅力型领导具有一定的现实意义（Howell、Shamir，2005）。如何合理运用领导魅力，促进团队反思，成为迫切需要解决的问题。

文献回顾表明，社会魅力型领导与团队反思之间的关系尚不明朗。大部分研究肯定了社会魅力型领导的有效性，指出它能够对下属产生积极的影响（Conger、Kanungo、Menon，2000）。也有学者指出，社会魅力型领导的作用或许没有想象中那么大（Waldman、Yammarino，1999；Agle et al.，2006）。不少学者指出组织内的行为理论很大程度上不具备普适性，研究应当建立在丰富的情境信息基础之上（徐淑英、张志学，2005），这同样可能是以往社会魅力型领导理论研究结论存在差异的重要原因（Waldman，2013）。据此可以推断社会魅力型领导对团队反思影响也有可能存在不稳定性的情况。为了揭示影响它们关系稳定性的干扰因素，本书重点关注外部环境不确定性和团队调节焦点导向的干扰作用，主要基于以下理由：(1) 根据情境依赖理论，外部环境不确定性被认为是一个非常重要的影响团队行为的情境因素，其作用不容忽视（De Hoogh、Hartog、Koopman，2005；李大元、项保华、陈应龙，2009），是因为当环境不确定性较高时，需要组织具有较高反思和快速调整行为的能力；(2) 根据特征激活理论，团队调节焦点导向同样也被认为是一个非常重要的影响团队行为的团队特征（Hamstra et al.，2014），因为不同焦点导向的群体会作出不同行为，其中促进焦点导向会激发团队成员关心工作不足的行为，防御焦点则会激发团队成员维护稳定的行为（Lanaj、Chang、Johnson，2013；Rietzschel，2011）。对于外部环境不确定性和团队调节焦点具体如何影响魅力型领导与团队反思之间的关系，目前并没有详细说明和实证研究，因此，本书的目的就是探讨这两种因素在魅力型领导与团队反思之间的调节效应。

第二节　研究假设

一　社会魅力型领导与团队反思

"魅力"，最早由 Weber（1947）的《社会经济理论》正式提出这个概念。随后，学者将"魅力"应用到管理领域，提出一种新的领导风格——社会魅力型领导（House，1977）。研究结果表明，社会魅力型领导对追随者都有很强的影响力，被认为是有效的领导方式。在这种影响力的作用下，追随者对领导有很强的信任感（Conger、Kanungo、Menon，2000）与价值观认同（Brown、Trevino，2006），对领导的要求表现出极大的工作热情（Cicero、Pierro，2007），展现更多的组织公民行为（Babcock-Roberson、Strickland，2010），愿意付诸额外努力（Howell、Frost，1989）和工作投入

(姚春序、刘艳林，2013）。但是它与团队反思的关系尚待进一步探讨。

团队反思是指团队成员对团队目标、策略与程序进行公开反思，以使得团队能够适应当前或者预期的环境变化（West，1996）。国内外普遍认为团队反思是团队过程中活动之一，属于团队层面的概念。一个完整的团队反思过程包括反省、计划和行动三个部分，反思就是由这三个要素构成的交互过程（West，1996；2000）。作为影响团队行为、认知和结果的重要过程，团队反思很容易受到团队情境因素的约束和刺激，尤其会受到领导因素的影响（Schippers et al.，2008）。由于社会魅力型领导为团队建立共同目标和远景，并提供智力激励（张鹏程、刘文兴、廖建桥，2011），可能会促进团队反思，一方面是因为社会魅力型领导者能将组织目标与部属心中的共同价值观及理想连接起来，提出一套令人心动的远景，赋予组织更多意义，并向部属详细阐述关于组织各个方面的发展目标，使组织成员心悦诚服（刘惠琴、张德，2007；Conger、Kanungo、Menon，2000），使其积极参与组织活动，进而有利于团队反思；另一方面是因为社会魅力型领导通过智力激励促使成员挑战现状，支持成员质疑原先假定，鼓励成员从新视角看待问题，领导者对成员再思考的激发（刘子安、陈建勋，2009；Conger、Kanungo、Menon，2000），将有利于团队反思。不少学者通过实证研究表明社会魅力型领导在构建团队内部互动氛围方面发挥着作用，比如，团队学习氛围（莫申江、潘陆山，2011），团队心理安全（张鹏程、刘文兴、廖建桥，2011），团队氛围（刘惠琴、张德，2007）。作为团队内部良性氛围中的一种，社会魅力型领导可能也会促进团队反思。因此，综上所述，本书可以提出以下假设：

H1：社会魅力型领导对团队反思有正面促进作用。

二 外部环境不确定性的调节效应

外部环境不确定性是指外部环境处于动荡变化的程度。在不确定性高的环境中,组织难以了解环境变化的情况,不清楚环境变化对组织可能产生的影响,不易确定采取何种措施会成功(Milliken,1987);在不确定性低的环境中,组织容易掌握外部环境信息变化,也容易预测外部环境对组织可能产生的影响。学者也通过实证研究表明,在不同外部环境情况下组织会作出不同的行为反应,即相同的管理策略、领导方式在不同环境情况下会产生不同的效果(De Hoogh、Hartog、Koopman,2005;张文慧、王辉,2009)。不少研究通过权变模型证实了社会魅力型领导与团队活动之间存在不少的情境因素(董临萍、张文贤,2006;何铨、叶余建、马剑虹,2005;刘子安、陈建勋,2009)。这间接地说明了社会魅力型领导与团队反思之间有可能存在干扰因素。然而,外部环境不确定性会不会影响社会魅力型领导的效能,目前学术界还缺乏深入探讨和实证研究。

相比于其他的领导方式,比如,交易型领导、家长式领导等,社会魅力型领导在不确定性高的环境中有效性尤为突出(张鹏程、刘文兴、廖建桥,2011)。在不确定性高的环境中组织和团队容易陷入茫然和不知所措的状态(王益谊、席酉民、毕鹏程,2005),社会魅力型领导可以通过远景和智力激励帮助组织和团队克服环境的不确定性和模糊性带来的问题,进而更有利于提高团队活力和对未来的信心(董临萍、吴冰、黄维德,2008;2010)。此外,不确定性的外部环境也会迫使组织和团队展现出更多的弹性和灵活性(李大元、项保华、陈应龙,2009;文东华、潘飞、陈世敏,2009),是因为原有的工作流程、方式和方法难以为继,而团队反思恰恰被认为是应对外部环境不确定性和模糊性最为有效的方法之一（Carter、West，1998）。相反地，在不确定性低的环境中，由于环境变化容易预测，大部分组织和团队只需要按照既定工作流程、方法和方式就能有效应对环境所带来的挑战（方卫国、周泓，2000），进而使得团队反思的动力不足。因此，综上所述，本书提出以下假设：

H2：外部环境不确定性调节社会魅力型领导与团队反思之间的关系，即相对于外部环境不确定性低的情境中，在外部环境不确定性高的情境中社会魅力型领导对团队反思的正面影响效果更大。

三 调节焦点导向的调节效应

调节焦点导向是由（Higgins，1997）提出的，包括促进焦点导向（promotion-focus orientation）和防御焦点导向两种类型（prevention-focus orientation）。自从调节焦点理论提出之后，学者将其广泛应用到研究中。然而，大部分的研究都是把调节焦点导向放在个体层面进行操作定义，将其看成个体特质的一种（Gu et al.，2012）。近年来，学者开始把调节焦点概念在团队层面上进行操作定义（Beersma et al.，2013）。团队焦点导向是指团队成员在对待安全或防御需求和发展或促进需求方面一致性情况，包括团队促进焦点导向和团队防御焦点导向两种类型（Rietzschel，2011；Sassenberg、Woltin，2008；Faddegon et al.，2006；2008；Florack、Hartmann，2007）。其中促进焦点导向的团队渴望成功、追求发展和改变、不满足现状，倾向于采取各种方法和措施去追求积极的结果；防御焦点导向的团队喜欢安全、稳定、害怕承担风险、损失和失败，倾向采取警惕、规避和保守的行动。

根据特征激活理论，情境因素对团队行为或者过程的影响会受到团队特征和个体特质因素干扰。基于这个理论观点，我们认为社会魅力型领导对团队反思的影响可能会受到团队特征的影响，尤其会受到团队对事物态度一致性影响。相对于促进焦点导向低的团队，促进焦点导向高的团队为了达到团队目标，会主动寻求改进方法和方式，并不需要外在的压力（Hamstra et al.，2011；Sacramento et al.，2013）；相反，促进焦点导向低的团队就需要外在的压力和引导才能激发改变原有不良的工作流程、方式和方法行为倾向（Hamstra et al.，2011；Sacramento et al.，2013）。领导作为团队压力和引导者主要来源之一，社会魅力型领导可以通过远景和智力改变促进焦点导向低的团队行为倾向。同样，相对于防御焦点导向低的团队，防御焦点导向高的团队会追求稳定，不会主动改变现有的工作模式（Memmert et al.，2013；Sacramento et al.，2013），只有在外部因素的引导和激励下才有可能作出改变，比如，社会魅力型领导，可以通过远景和智力激励改变防御焦点导向高的团队保守行为倾向；相反，防御焦点导向低的团队，不喜欢稳定，偏好变化，会主动追求改变（Memmert et al.，2013；Sacramento et al.，2013；Beersma et al.，2013）。因此，综上所述，本书提出以下假设：

H3：促进焦点导向调节社会魅力型领导对团队反思的影响，即相对于促进焦点导向高的团队，社会魅力型领导对促进焦点导向低的团队的反思行为正面影响效果更大。

H4：防御焦点导向调节社会魅力型领导对团队反思的影响，即相对于防御焦点导向低的团队，社会魅力型领导对防御焦点导向高的团队的反思行为正面影响效果更大。

第三节　研究方法

一　研究对象与程序

随着经济发展，我国人力资源优势在不断下降，制造企业面临着越来越激烈的竞争环境。为了应对外部环境的挑战,迫切需要员工和团队加强内部反思。为此,在湖南长沙本书针对多家子公司的大型制造企业进行了问卷调查。本书得到总公司高层的认可和帮助。在具体调查程序上,我们是通过 E-mail 方式与该企业的人力资源部门负责人联系,并将调查问卷以电子版形式传送给他,由他根据企业情况自行安排时间发放,在发放前对联络人进行简要培训,强调调查的匿名性和重要性,并将问卷统一寄回。为了避免共同方法偏差问题,调查分为两个阶段。调查第一阶段,被调查者评价上级社会魅力型领导风格展开,并报告外部环境不确定性;调查第二阶段,团队调节焦点导向状况以及团队反思水平。

本书共向 130 个团队发放员工—主管配对问卷 600 份,回收 450 份,有效问卷 345 份(有效团队 95 个),团队人数在 3—5 人。问卷的有效回收率为 57.5%。调查员工中男性占 54.8%(189 人),女性占 45.2%(156 人);就员工年龄而言,员工平均年龄 27.62 岁;就员工行业经验而言,员工行业经验平均为 4.25 年;就员工工龄而言,员工工龄平均为 3.08 年;就员工教育程度而言,高中及高中以下仅占 4.3%(15 人),大专学历占 25.8%(89 人),本科学历占 51.9%(179 人),硕士及以上占 17.9%(62 人)。调查的男性领导者占 65.3%(62 人),女性领导者占 34.7%(33 人);就领导年龄而言,平均年龄为 33.28 岁。调查销售类型团队占 22.1%、管理团队占 44.2%、研发团队占 33.7%;团队成立时间平均为 2.25 年。

二 研究工具

本书中的量表主要来自西方的文献,为了保证中国情境下这些量表测量的信度和效度,首先,用标准的翻译、回译程序(translation and back translation)(Brislin, 1980),以确保问卷所有条目在内涵上的精确性。其次，选择了 50 名具有工作经验的 MBA 学员进行预测试，探索性因子分析表明主要变量有良好的区分效度，而且信度系数也在 0.72 以上。最后，调查问卷的条目采取李科特 5 点制计分，从 "1 - 完全不同意" 到 "5 - 完全同意"。

（1）社会魅力型领导。根据 Wilderom 等（2012）开发的量表，共计 10 个条目，例如，"我们领导言行举止表现出自信""我们领导在工作中展现出非凡能力""我们领导让我们觉得可以克服任何艰难险阻"，该问卷的 cronbach α 系数为 0.937。

（2）外部环境不确定性。根据 De Hoogh 等（2005）开发的量表做了一些句型调整，将疑问句改成肯定句，共计 3 个条目，例如，"团队或部门的工作环境中充满了挑战""团队或部门的工作环境富于变化""团队或部门的工作环境提供了非常多的改变机会"，该问卷的 cronbach α 系数为 0.934。

（3）团队焦点导向。Imai（2012）开发的量表，并适当修订，共计 9 个条目，其中 5 个条目是测量团队促进焦点导向，例如，"团队成员专注于现团队的理想与愿景""团队成员专注于获得进步""团队成员专注于完成积极的结果"；4 个测量团队防御焦点导向，例如，"团队成员专注于回避负面结果""团队成员专注于防范损失""团队成员致力于成为谨慎的人"，两个分问卷的 cronbach α 系数分别为 0.918 和 0.936。

验证性因子分析结果表明，团队焦点导向中防御焦点导向与促进焦点导向具有良好的区分效度，即说明了团队焦点导向中二因子结构（$\chi^2 = 23.877$，df = 26，RMSEA = 0.097，CFI = 0.977，TLI = 0.977），要好于单因子结构（$\chi^2 = 277.964$，df = 27，RMSEA = 0.460，CFI = 0.432，TLI = 0.441）。

（4）团队反思。根据 De Jong、Elring（2010）开发的量表，共

计 5 个条目，例如，"我们团队经常检查工作目标的可行性""我们团队经常检讨过去工作方式""我们团队经常检讨工作效率问题"，该问卷的 cronbach α 系数为 0.872。

三 数据聚合和分析方法

本书测量团队反思、团队创新、任务依赖性和绩效考核导向都是属于团队层面的变量，他们分析单元是团队，需要把个体层面的数据聚合到团队，并验证聚合的恰当性。学者通过组相关系数（ICC1、ICC2）和组内一致性系数（r_{wg}）进行评价。单因素方差分析显示，社会魅力型领导、团队反思、团队防御焦点导向、团队促进焦点导向和外部环境不确定性的组间均方差存在显著差异（$F = 5.108$，$p < 0.01$；$F = 2.541$，$p < 0.01$；$F = 3.686$，$p < 0.01$；$F = 3.125$，$p < 0.01$；$F = 2.705$，$p < 0.01$）。社会魅力型领导、团队反思、团队防御焦点导向、团队促进焦点导向和外部环境不确定性的 ICC1 分别为 0.26、0.31、0.33、0.28、0.24；社会魅力型领导、团队反思、团队防御焦点导向、团队促进焦点导向和外部环境不确定性的 ICC2 分别为 0.54、0.60、0.61、0.63、0.52；社会魅力型领导、团队反思、团队防御焦点导向、团队促进焦点导向和外部环境不确定性的 r_{wg} 分别为 0.92、0.82、0.83、0.79、0.75。因此，以上变量数据在团队层次上的聚合是适当的和有效的。

第四节 数据分析

一 变量相关分析

如表 3—1 所示，控制变量中领导性别、年龄、团队性质以及团队成立时间与团队反思都没有显著相关；社会魅力型领导与团队反思之间显著正相关（$r=0.58$，$p<0.01$），即证明了研究假设1合理性。为了证明假设2、假设3与假设4，本书采用回归分析方法进行验证。

表3—1　　　　　　　　研究一描述统计与相关分析

	均值	方差	1	2	3	4	5	6	7	8
1. 领导性别	.34	.23								
2. 领导年龄	33.28	8.69	−.08							
3. 团队性质	2.75	1.28	−.11	−.13						
4. 团队时间	2.25	1.15	.06	.16	.12					
5. 团队反思	3.75	0.61	.02	.24*	.09	.17				
6. 魅力型领导	3.86	0.64	.08	.12	.18	.21	.58**			
7. 外部环境不确定性	3.57	0.58	.01	.18	.09	.25*	.56**	.64**		
8. 防御焦点	2.17	0.61	−.03	.11	.03	.13	.56**	.58**	.69**	
9. 促进焦点	3.34	0.70	.05	−.06	−.04	−.14	−.60**	−.78**	−.69**	−.72**

* $p<0.05$，** $p<0.01$。

二　分层回归

为了检验外部环境不确定性和调节焦点导向的调节作用，本书采用了层次回归分析的方法。为避免共线性和回答偏差的影响，回归方程中的自变量做了中心化处理（Aiken、West，1991）。假设2、假设3与假设4时，以团队反思为因变量，分别做了四步回归：第一步引入控制变量领导性别、年龄、团队性质和团队时间；第二步在控制变量基础上加入社会魅力型领导；第三步在第二步的基础上分别加入外部环境不确定性、促进焦点导向、防御焦点导向；第四步在第三步的基础上分别加入外部环境不确定性、促进焦点导向、防御焦点导向与团队反思的交互项。

其中 M1 是检验控制变量领导性别、年龄、团队性质和团队时间对团队反思的影响；M2 是检验控制变量和社会魅力型领导对团队反思的影响；M3 是检验控制变量、社会魅力型领导和外部环境不确定性对团队反思的影响；M4 是检验控制变量、社会魅力型领导、外部环境不确定性以及社会魅力型领导与外部环境不确定性交互项对团队反思的影响；M5 是检验控制变量、社会魅力型领导和促进焦点导向对团队反思的影响；M6 是检验控制变量、社会魅力型领导、促进焦点导向以及社会魅力型领导与促进焦点导向交互项对团队反思的影响；M7 是检验控制变量、社会魅力型领导和防御焦点导向对团队反思的影响；M8 是检验控制变量、社会魅力型领导、防御焦点导向以及社会魅力型领导与防御焦点导向交互项对团队反思的影响。具体分析结果如表 3—2 所示。

M2 中数据结果显示，社会魅力型领导显著正面影响团队反思（$\beta = 0.527$，$p < 0.001$），即证明了假设 1；M4 数据结果显示社会魅力型领导与外部环境不确定性的交互项影响团队反思（$\beta = 0.219$，$p < 0.05$），即证明了外部环境不确定性调节社会魅力型领导与团队反思之间的关系。为了更直观地观察调节作用，我们按照 Aiken、West（1991）的建议，对外部环境不确定性的均值加减一个标准差，将样本分成外部环境不确定性高和外部环境不确定性低的团队并分别计算回归方程。从调节示意图看，如图 3—1 所示相对于外部环境不确定性低的团队而言，社会魅力型领导对外部环境不确定性高的团队反思影响程度更大，证明了假设 2。

表3-2 研究一回归分析结果

变量	M1	M2	M3	M4	M5	M6	M7	M8
领导性别	.126	.066	.042	.001	.023	-.007	.072	.028
领导年龄	.114	.154	.123	.148	.131	.144	.164	.178
团队性质	.150	.040	.022	.003	-.020	-.018	.038	.033
成立时间	.103	.113	.077	.074	.085	.074	.091	.077
魅力型领导		.527***	.356**	.417***	.328**	.365***	.251*	.247*
环境不确定性			.262*	.274*				
促进焦点					.350**	.395***		
防御焦点							-.388**	-.392***
魅力*环境				.219*				
魅力*促进						.202*		
魅力*防御								-.181
R2	.072	.359	.392	.432	.433	.467	.432	.435
调整后R2	.043	.320	.346	.381	.390	.420	.389	.407
ΔR2		.270***	.033*	.040*	.073**	.034*	.073**	.003
F	1.925	9.082***	8.592***	8.577***	10.167***	9.889***	10.130***	9.805***

团队反思

$p<0.05$,** $p<0.01$,*** $p<0.001$。

▶ 团队反思的形成机制及有效性研究

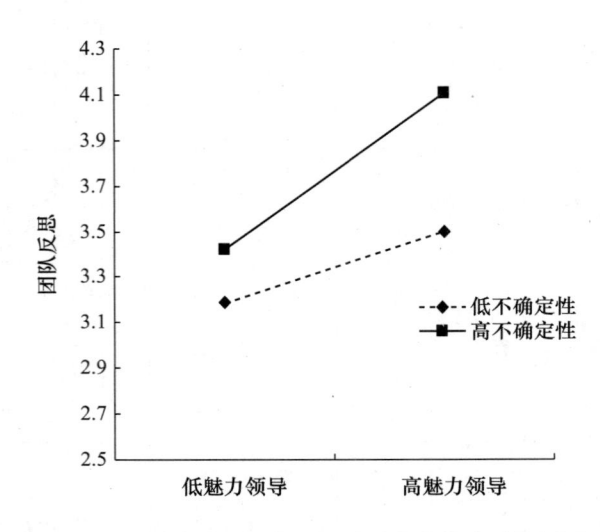

图3—1 社会魅力型领导与环境不确定性交互作用图

M6数据结果显示社会魅力型领导与促进焦点导向交互正面影响团队反思（$\beta = 0.202$，$p < 0.05$），即证明了促进焦点导向调节社会魅力型领导与团队反思之间的关系。为了更直观地观察调节作用，本书按照Aiken、West（1991）的建议，对促进焦点导向的均值加减一个标准差，将样本分成促进焦点导向高和促进焦点导向低的团队并分别计算回归方程。从调节示意图看，如图3—2所示相对于促进焦点导向低的团队而言，社会魅力型领导对促进焦点导向高的团队反思影响程度更大，即进一步证明了假设3。然而，M7数据结果显示社会魅力型领导与防御焦点导向交互项对团队反思没有显著影响（$\beta = 0.181$，$p > 0.1$），证明防御焦点导向不调节社会魅力型领导与团队反思之间的关系，即假设4没有得到有效验证。

假设4没有得到实证，可能是由于防御焦点导向的团队过于关注风险，害怕失败，导致了团队过于谨慎行事，对任何变化性活动展现出怀疑和抵制态度，影响团队反思有效展开。尽管社会魅力型领导给予团队远景激励和个性关怀，在精神和物质上都给予团队提供保障，但是还不足以化解抵制。这说明要转换防御团队对团队反思行为的抵制，光靠领导是不行的，还需要制度上给予团队保障，才能有效激发防御团队成员参与反思活动。

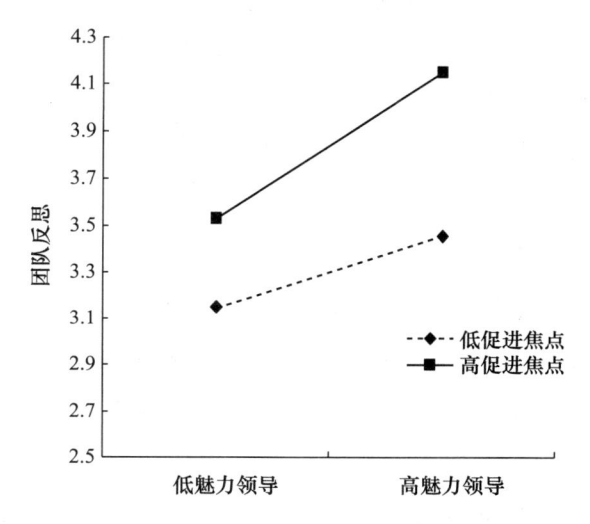

图3—2 促进焦点导向与社会魅力型领导交互作用图

第五节 结果与讨论

一 研究结论

本书研究了社会魅力型领导对团队反思的影响，并探讨了外部环境不确定性与团队调节焦点导向的调节效应。首先，本书在文献综述的基础上提出一系列的假设。其次，本书选用了西方比较成熟的社会魅力型领导、团队反思、外部环境不确定性以及团队焦点导向的测量量表，为了证明各个测量变量在中国情境中具有区分效度，本书通过验证性因子分析方法分析社会魅力型领导、外部环境不确定性、团队促进焦点导向以及团队防御焦点导向具有良好的区分效度，适用于中国情境。最后，本书通过相关分析和分层回归分析检验相关假设，数据结果显示了社会魅力型领导显著正面影响团队反思，完全支持 H1 假设；外部环境不确定性显著调节社会魅力型领导与团队反思之间的关系，完全支持 H2 假设；团队促进焦点导向显著调节社会魅力型领导与团队反思之间的关系，完全支持 H3 假设；团队防御焦点导向不调节社会魅力型领导与团队反思之间的关系，不支持 H4 假设。总而言之，实证分析结果显示，本书所提出的大部分假设都得到了很好的支持。

二 理论意义

首先，本书研究证明了团队领导在提高团队反思方面的作用。过去研究更多集中在团队反思对组织影响效果方面的探讨，比如，探讨团队反思对团队创新与团队绩效等方面的影响，较少探讨团队反思的产生机制。虽然有个别的研究指出领导在提高团队反思中发挥独特的作用，并且也通过实证证明了领导行为在提高团队反思方面的作用（Carmeli et al., 2013），然而，其他领导行为是否有助于团队反思的提高，学术界并没有给出明确的答复（Widmer et al., 2009）。与此同时，国内学术界关于团队反思的产生机制方面的研究还刚刚起步，尤其探讨领导行为在提高团队反思方面的研究还处于初级阶段。本书研究一方面填补了国内有关领导与团队反思之间关系研究的空白，另一方面也检验魅力型领导在提高团队反思方面的有效性，拓展了现有的研究。此外，过去已有文献探讨社会魅力型领导有效性，却很少有人将社会魅力型领导与团队反思联系在一起。本书首次将魅力型领导与团队反思结合在一起，证明了社会魅力型领导不仅仅在个体层面发挥有效的影响，也会在团队层面发挥有效的影响。

其次，虽然社会魅力型领导有助于团队反思，但是社会魅力型领导与团队反思之间的关系会受到多方面因素的干扰，具体何种因素会干扰二者之间的关系，目前学术界还没有给出明确答案。此外，尽管在探讨社会魅力型领导有效性时，不少的研究发现社会魅力型领导与个体层面行为之间的关系，会受到多种因素的干扰（Mumford et al., 2013；Sy et al., 2013），却很少有研究探讨社会魅力型领导与团队层面结果之间关系的边界条件（Nohe et al., 2013；Varella et al., 2012）。根据情境依赖理论，社会魅力型领导对个体与团队层面的行为会受到外在因素的干扰。其中有研究表明，外部环境不确定性是一个很重要的情境因素（Wong et al., 2011；Oke et al., 2012）。本书通过实证研究表明，外部环境不确定性程度会影响社会魅力型领导与团队反思之间的关系。这一结论一方面证实了社会魅力型领导对团队反思的影响会受到情境因素的约束，另一方面证实了外部环境不确定性的制约作用，该结论与国内学者（张文慧、王辉，2009）结论不谋而合，需要未来学者持续关注外部环境动态性对领导行为影响过程的干扰作用。

最后，很多研究表明团队价值观取向是重要的情境因素（Brown、Treviño, 2009；Fu et al., 2009；Van Prooijen et al., 2008），也是影响领导行为与团队行为之间关系的重要变量（Pieterse et al., 2013）。团队价值观取向会不会影响社会魅力型领导与团队反思之间的关系，目前学术界还没有给出强有力证据。此外，根据特征激活理论，个体价值观取向中个体焦点导向会影响领导行为对个体行为之间的关系（Lanaj et al., 2012），却很少有研究团队层面探讨团队价值观取向对领导行为与团队行为之间关系的影响，尤其缺乏探讨团队焦点导向对社会魅力型领导与团队反思之间关系的影响。最近，有学者开始将焦点导向应用到团队层面（Sacramento et al., 2013）。本书遵照 Rietzschel（2011）的做法，将焦点导向应用到团队层面，探讨团队焦点导向对社会魅力型领导与团队反思之间关系的影响。本书研究结果表明团队价值观取向中团队焦点导向影响社会魅力型领导与团队反思之间的关系，一方面证实了社会魅力型领导与团队反思之间的关系会受到团队价值观的干扰，尤其会受到团队促进焦点导向的干扰；另一方面证实团队促进焦点导向的制约作用，需要未来学者持续关注团队焦点导向对领导行为影响过程的干扰作用。

三 实践意义

本书研究的结果对如何领导团队反思有一定的启示。首先，尽管学术界对依靠领导魅力激发创新的做法还存在一定争议，但是本书则认为社会魅力型领导仍然是一种有效的管理方式，可以促进团队反思水平，因此，在转型期企业领导应该保持其个人魅力，或者通过其他方式增加个人魅力，比如，关心下属、保持对环境的敏感性、不墨守成规、勇于冒险并提供宏伟的远景。其次，虽然社会魅力型领导对团队反思有重要的影响，但是社会魅力型领导对团队反思的影响并不是一帆风顺的，其影响效果会受到多种因素的影响，其中外部环境不确定性是一个重要的干扰因素。意味着在外部环境不确定性越高的情况下，社会魅力型领导作用日益突出，因此，在外部不确定性环境下领导要展现更多的魅力，才能使得团队反思水平得到明显的提升。最后，社会魅力型领导对团队反思会受到团队价值观的影响，因此，为提高团队反思水平，领导一方面需要在组建团队时招聘促进焦点导向高的员工，另一方面需要通过自身行为和制度引导团队形成促进焦点导向。

四 研究局限与未来研究方向

本书主要存在以下几个问题：第一，横截面数据。本书收集的数据都是横截面数据，无法提供因果关系的检验。未来可以采用纵向研究和实验研究探讨它们之间的关系。第二，取样的局限性。本书研究的数据全部来自同一家企业的样本,这使得研究结论无法排除企业特征所带来的影响,在某种程度上降低了研究的外部效度。应用本书研究结论之前,尚需在其他不同的行业或者企业情境做进一步的检验。第三,存在同源误差的问题,由于大部分的变量采取自我报告方式测量,未来研究可以采取客观数据测量,来控制上述问题的出现。

未来的研究可以从以下几个方面展开:第一,本书重点在团队层面探讨了社会魅力型领导对团队反思的影响,没有在个体层面探讨社会魅力型领导对个体反思行为的影响,未来研究可以采取多层次视角全方面探讨社会魅力型领导对团队层面和个体层面行为或结果的影响。第二,本书重点探讨了社会魅力型领导对团队反思的影响,没有探讨社会魅力型领导对团队其他活动和结果的影响,未来研究可以在其他方面检验社会魅力型领导的有效性,比如,检验社会魅力型领导对团队变革抵制行为、主动行为及组织公民行为等行为的影响。第三,本书侧重关注团队调节焦点导向和外部环境不确定性的调节作用,没有考虑组织特征,本书研究结果在应用领域方面可能存在一定局限性,因此,未来研究可以探讨组织特征因素,如企业所有制与企业所在行业对社会魅力型领导与团队反思的关系调节,也可以考虑将企业所有制与企业所在行业作为控制变量。第四,本书重点探讨社会魅力型领导对团队反思影响的权变模型,没有分析二者之间的中介机制,因此,未来研究可以基于社会信息加工理论探讨心理安全氛围在社会魅力型领导与团队反思之间的中介作用。

第六节 结语

团队反思的有效性日益受到学者的广泛关注,然而目前有关团队反思的研究大部分集中探讨团队反思对团队行为和结果的影响，很少关注团队反思的产生机制。尽管有零星研究尝试解释团队反思的产生机制，但是还存在很多问题，需要学者进一步探讨和实证研究。由于领导对团队成员拥有较大的影响力，因此，本章节从领导视角探讨团队反思的产生机制，重点探讨社会魅力型领导对团队反思的影响，并检验外部环境不确定性和团队调节焦点导向调节效应。通过对95个团队和345份员工样本的调研，结果证明：社会魅力型领导有助于团队反思水平的提升；外部环境不确定性调节社会魅力型领导对团队反思的影响，即社会魅力型领导对处于外部环境不确定性高的团队反思影响更大；团队促进焦点导向调节社会魅力型领导对团队反思的影响，即社会魅力型领导对促进焦点导向高的团队反思影响更大；团队防御焦点导向调节社会魅力型领导对团队反思的影响，即社会魅力型领导对防御焦点导向低的团队反思影响更大。

第四章

团队反思对团队创新的影响机制

第一节 本章引言

上一章节探索了团队反思的形成机制,并且证明了社会魅力型领导在促进团队反思方面的作用。然而,团队反思对团队和组织是否有用,这需要学者进一步深入地研究。因此,本书接着讨论团队反思的有效性。

在复杂多变的市场和技术环境下,团队工作方式越来越受到企业的关注。团队的有效性已经成为影响组织发展和成功的关键因素之一。如何提高团队有效性,逐渐受到学者和实践者的广泛关注。其中团队反思被广泛认为是能提高团队有效性的重要活动之一(Schippers et al.,2003)。然而,也有少数学者提出质疑,认为团队反思会影响任务进度,会给团队带来一些负面影响。为了检验团队反思的实际效果,团队创新被当成一个非常有价值的观察指标。与此同时,很多学者也持续呼吁通过创新来检验团队反思的有效性:一方面是因为创新日益成为企业生存和可持续发展的关键因素(Choi、Chang,2009;Hansen、Levine,2009),另一方面是因为如何有效提高创新结果成为企业和学者面临的重要课题（Caldwell、O'Reilly，2003；Drach-Zahavy、Somech，2001；Eisenbeiss、van Knippenberg、Boerner，2008）。因而，有必要深入地理解团队反思与团队创新之间的关系。

文献回顾表明，大部分研究肯定了团队反思对团队有效性的作用（张文勤、石金涛，2008），并指出它作为对原定目标、计划、行动方面以及内外部环境进行全方位的反省和检查活动，为目标、计划、行动方案调整提供方向和依据，能够对团队产生积极的效果（Davidson，2012）。关于团队反思与团队创新之间的关系，目前主要存在两种观点：有不少学者认为团队反思能直接提高团队创新水平（MacCurtain et al.，2010；Lee、Sukoco，2011）；同时也有学者认为团队反思对团队创新没有直接影响，需要借助其他因素才能将反思转换为创新结果（Wong et al.，2007；Dayan、Basarir，2008）。尽管有零星学者尝试平衡团队反思与团队创新之间关系的矛盾认识，并指出团队学习在团队反思与产品创新之间发挥中介效应（Lee、Sukoco，2011a），但是目前研究还远远没有揭示清楚二者之间关系的"黑箱"，需要进一步地关注和深入地探讨。因此，本书重点探讨团队反思对创新影响的作用机制。

团队反思能有效提高团队创新的原因，可能是其能有效促进团队成员达到一种新的认知状态并激活团队成员之间的互动。然而，到目前为止学术界没有给出强有力的证据。为此，我们关注团队反思对团队创新的中介机制，着重研究共享心智模式和信息资源交换的中介效应。之所以选择共享心智模式和信息资源交换，基于以下两点考虑：第一，根据共享心智模式理论，当团队拥有高的共享心智模式，团队成员能有效克服团队交流障碍并化解必要的误解（McIntyre、Foti，2013；Westli et al.，2010），提高提出创新观点和执行创新观点的积极性，进而有助于提高团队创新水平；第二，根据资源交换理论，信息资源交换与知识交换和知识整合高度相关，是一项将团队潜在知识与创新有机连接在一起的关键团队活动，被证明能有效提高团队创新水平（Mesmer-Magnus、DeChurch，2009；Gong et al.，in press）。共享心智模式和信息资源交换都是属于团队过程中的两个主要活动，共享心智模式反映了团队认识状态，而信息资源交换反映了团队内部互动，两种不同团队过程是否在团队反思与团队创新之间发挥完全中介作用，这是本章研究的核心。而且共享心智模式和团队信息资源交换都能有效地预测团队创新产生，但是二者能否有效解释团队反思对团队创新，目前学术界没有给出强有力的证明。因此，本书尝试选择共享心智模式理论和资源交换理论解释团队反思对团队创新的影响。

第二节 理论与假设

一 团队反思与团队创新

团队反思是指团队成员在一起对原有的工作目标、流程、文化以及内部互动情况等进行全方位的检查，并根据团队所在的内外环境变化与检查的结果调整不对的地方（Widmer et al.，2009）。团队反思活动作为团队内部自我检查和反省活动，为团队日后的工作提供方向和修正意见。根据目标设置理论，当团队工作目标越清楚时，团队成员工作越有方向感，进而有助于提高团队效率。当团队工作目标越模糊时团队成员越容易陷入盲目状态，不利于发挥团队工作方式的效用。与此同时，学者也不断用实证研究证明了团队反思这样的活动有助于提高团队产出（Lee、Sukoco，2011a；2011b；Schippers et al.，2013；2014）。团队创新作为团队产出的一种，团队反思与团队创新之间的关系日益受到学者广泛的关注和研究。团队创新涉及改变过去不良的因素，或者引进新的知识、观点以及技能等（Chen et al.，2013）。与创新之前相比，创新之后的团队所开展各项活动或者实施各项制度要展现出新颖性和有用性两个内在特性。学者通过实证研究表明团队反思在提升团队效率上发挥独特作用，比如，（Hoegl、Parboteeah，2006）通过对145个软件开发团队研究结果发现，团队反思能够有效提高团队效率；（Schippers等，2003）通过对54个工作团队研究发现，团队反思能有效增加工作满意度。为了更加全面观察团队反思的有效性，学者将团队创新作为重要的观察指标之一，比如，Tjosvold等（2004）在调查来自中国的100个工作团队研究发现团队反思能有效提高团队创新水平；MacCurtain等（2010）也发现了团队反思对产品创新存在显著的正面影响；持有相同观点的学者有Dayan、Basarir（2008），Lee、Sukoco（2011a）。总而言之，团队创新的方向就是改变阻碍团队效率提升的因素。团队反思本质上就是通过自我检查和反省活动寻找阻碍团队效率的因素，进而为团队提供创新方向。学者通过实证研究表明团队反思有助于提高团队创新。因此，综上所述，本书可以提出以下假设：

H1：团队反思对团队创新有正面促进作用。

二 共享心智模式的中介效应

Cannon-Bowers、Salas（1990）首次将心智模式的概念从个体层面向团队层面应用，提出团队共享心智模式的概念。共享心智模式是指团队成员对团队关键要素，比如，团队互动、成员特征、任务特征、所处情境与策略方面持有相同的知识结构（Cannon-Bowers et al.，1993）。团队心智模式包括两个主要层次：一是与团队相关的模型，如关于团队其他成员的心智模型和关于团队交互作用的心智模型；二是与团队任务相关的模型，如关于设备或技术的心智模型和关于任务的心智模型（Mathieu、Heffner、Goodwin、Salas、Cannon-Bowers，2000）。本书主要采用团队共享心智模式概念是综合两个层次的，是指团队成员对团队构成、团队目标、团队过程信息、团队工作成分等共同心智、态度或信念的心理表征（Mohammed、Dumville，2001）。

团队反思是作为团队过程中的一种活动，是指团队成员一起对工作目标、流程、方法与方式与内部互动情况等进行全方位的检讨，并根据内外部环境做出相应的调整。在团队反思中，涉及团队成员之间沟通、交互作用以及反馈。学者通过实证研究表明良好的团队内部互动过程有助于团队共享心智模式的形成（Levesque、Wilson、Wholey，2001；Stout、Cannon、Salas，1999；武欣、吴志明，2005；白新文、王二平等，2006；施杨、李南，2007）。其中武欣、吴志明（2005）通过对由158名工商管理硕士构成的35个课程作业团队调查，结果发现良好的团队内部沟通有助于团队共享心智模式的形成，施杨、李南（2007）也持有相同的观点；也有研究指出良好的团队内部交互作用有助于共享心智模式的形成（Levesque、Wilson、Wholey，2001；Stout、Cannon、Salas，1999）；此外，学者还发现良好的团队反馈有助于团队共享心智模式形成（白新文、王二平等，2006）。因此，综上所述，本书可以提出以下假设：

H2：团队反思对共享心智模式有正面促进作用

如果团队成员拥有共同的知识结构，在团队运行过程中成员之间不需要额外沟通就能有效地协调，准确地理解和预测外部环境，并根据外部环境变化做出恰当的行为反应（DeChurch、Mesmer-Magnus，2010；Mohammed et al.，2010；Crawford、LePine，2013）。大量研究表明团队共享心智模式有助于提高团队产出（Mathieu et al.，2000；Stout et al.，1999；McIntyre、Foti，2013；Wood，

2013)。作为团队产出的一种,共享心智模式也可能有助于提高团队创新水平(Wang et al., 2013):(1)一方面任务共享心智模式将团队中多元、零散的隐性知识组合为更为系统的知识(van Ginkel、van Knippenberg, 2012),这样有助于知识整合与知识创造,进而有助于团队创新水平提升;另一方面将分散在团队成员身上的隐性知识内化到其他团队成员身上,为团队创新奠定了知识基础;(2)协作型共享心智模式可以帮助团队成员克服沟通障碍,有助于改善团队资源、工作协调问题,为团队创新提供强有力的人际保障(McIntyre、Foti, 2013;Westli et al., 2010)。共享心智模式为本书深入地理解团队反思与团队创新之间关系提供了一种有效的理论解释。一般来讲,注重合作和共享的团队表现出更高的工作效率和质量(Lee et al., 2010;Wang、Noe, 2010),团队成员之间的交流也更密切。相反,如果团队成员之间缺乏沟通和协调,甚至团队成员之间相互保留,不利于充分发挥团队成员知识、经验和技能,制约了团队进一步的发展(Macht et al., 2014;吴隆增等,2013;杨付、张丽华, 2012)。通过团队反思的活动,让员工充分意识到团队的问题,需要完善的地方。这些问题和不足有助于团队成员达成新的共识,新的共识会影响团队共同努力的行为,进而会影响团队创新活动。因此,综上所述,本书可以提出以下假设:

H3:共享心智模式对团队创新有正面促进作用。

Ilgen 等(2005)指出了在解释投入与产出之间的关系,共享心智模式发挥其独特的作用。后来学者的实证研究表明,共享心智模式解释团队投入因素和团队产出之间具有一定有效性,比如,国外学者 Gurtner 等(2007)实证研究表明共享心智模式在团队沟通与团队绩效之间发挥中介作用;McIntyre、Foti(2013)也通过实证证明了共享心智模式能有效中介共享领导与团队绩效之间的关系。与此同时,国内学者张群祥(2012)研究表明共享心智模式能有效解释质量管理实践与创新绩效之间的关系；金惠红、杨松青（2012）通过实证研究表明共享心智模式在团队目标、团队沟通、团队领导与团队效能之间发挥部分中介作用，而在团队规范与团队效能之间发挥完全中介作用。团队创新作为衡量团队效能重要指标之一，也是团队产出衡量指标之一，因此，综上所述及假设 H1、假设 H2，本书可以提出以下假设：

H4：共享心智模式完全中介团队反思与团队创新之间的关系。

三 信息资源交换的中介效应

团队成员之间的信息资源交换是一种获取和创造知识重要的方式（Bunderson、Sutcliffe，2002a；Johnson et al.，2006）。与团队信息资源交换相关的概念，团队学习是指团队成员在一起讨论、寻求反馈、尝试、对结果的检讨以及讨论行动可能的结果和错误的活动（Edmondson，1999）。团队学习涉及团队成员之间获取、分享和整合信息，同时也涉及假设验证、对错误的反思、讨论和尝试（Edmondson，1999）。相对于团队信息资源交换，团队学习是一个比较广的概念。团队信息资源交换更多关注的是团队内部之间给予信息和获取信息的活动。过去大部分研究是将个体作为信息的处理者，探讨员工信息、知识交换行为，很少有将团队作为信息的处理者，探讨团队信息、知识交换行为。最近，学者开始将团队当成一个信息的处理者（De Dreu et al.，2008），也呼吁持续探讨团队信息资源交换。

团队反思为团队内部提供一次交流、讨论和反省的机会（West，2000），在此过程中团队内部成员相互交流对目标、工作流程、方法以及内部互动方式等不同的认识，发现其中不足，并做出相应的调整。通过团队反思活动，可以帮助团队树立对未来信心，增加团队凝聚力和内部互动程度。同时，相关的研究表明团队特征和过程会影响团队成员之间的信息资源交换,比如,高凝聚力团队表现更多信息资源交换(Bakker et al.,2006;Wang,2012);也有研究指出团队交流风格会影响信息资源交换。(De Vries、van den Hooff、de Ridder,2006;Mesmer-Magnus、DeChurch,2009)。有研究通过元分析指出信息处理过程会影响团队信息资源交换,其中任务认证过程、讨论过程以及合作过程等为团队信息资源交换提供了平台,促进团队成员之间信息资源交换(Stasser、Stewart,1992;Okhuysen、Eisenhardt,2002;Henningsen、Henningsen,2003)。因此,综上所述,本书可以提出如下假设:

H5:团队反思对信息资源交换有正面促进作用。

信息资源交换是影响团队产出的一个非常重要的团队过程(Mesmer-Magnus、Dechurch,2009;Van Knippenberg et al.,2004;Williams、O'Reilly,1998),尤其对创新活动有重要的影响(Ebadi、Utterback,1984)。作为保持组织成功和建立竞争优势的关键因素之一,创新产生过程不是一蹴而就的,是需要多方资源的投入(Kanter,1988)。要增加团队创新水平,就需要团队成员能毫无保留地共享彼此的知识、经验和观点(Hulsheger、Anderson、Salgado,2009)。知识管理相关研究表明,团队成员在知识和观点方面的交换,有助于将之前没有连接的知识和观点重新组合在一起,进而创造出新的知识(Kogut、Zander,1993;Nahapiet、Ghoshal,1998)。通过信息资源交换,团队成员不仅可以完善自己的能力,还可以将不同知识和技能应用到工作当中去。团队成员能力的提升和信息量的增加能为创新水平提升提供坚实的基础。类似研究也表明信息和知识的交换能有效提高创新水平(Smith et al.,2005;Gong et al.,in press)。因此,综上所述,本书可以提出如下假设:

H6:信息资源交换对团队创新有正面促进作用。

信息资源交换作为团队过程的一种形式,有学者指出其能够在一定程度上影响团队投入要素转换效率（Ilgen et al.，2005）。虽然很少有研究直接验证信息资源交换在团队投入要素与团队产出之间的中介作用，只有零星的研究探讨信息资源交换的中介作用，如Gong 等（in press）通过实证研究表明团队目标导向通过团队信息资源交换影响团队创造力，但是与信息资源交换相关的概念，如知识共享已经被广泛证明是解释团队投入要素对团队产出影响重要的中介变量。国内外学者做了大量实证研究，支持知识共享在团队投入与团队产出之间的中介效应。国外学者 Srivastava 等（2006）证明了知识共享在授权领导与团队绩效中发挥完全的中介作用；Liu 等（2011）发现了知识共享能有效解释团队心理安全对团队创造力影响。与此同时，国内学者简兆权等（2010）证明了知识共享在网络关系和技术创新绩效之间的中介作用；汤超颖等（2011）证明了积极情绪的社会功能通过隐性知识共享影响团队创造力；晋琳琳、李德煌（2012）也证明了知识共享在团队学科背景特征和团队创新绩效之间发挥的中介作用。由于知识共享和信息资源交换在本质上差不多，只是信息资源交换范围更广，并不局限于知识方面交换，还涉及其他内容的交换。为此，可以借鉴知识共享方面的成果。因此，综上所述及假设 H1、假设 H5，本书可以提出以下假设：

H7：信息资源交换完全中介团队反思与团队创新之间的关系。

第三节　研究方法

一　研究对象与程序

在河南安阳，本书针对大型钢铁制造企业进行了问卷调查。由于过去钢铁行业粗放式发展，导致很多钢铁企业产能过剩，进而使得钢铁企业面临越来越激烈的竞争环境。为了应对外部环境的挑战,钢铁企业迫切需要员工和团队加强内部反思和创新水平。为此,本书得到总公司高层的认可和帮助。在与一些基层员工的交流过程中,发现团队文化氛围对团队创新水平有很大的影响。在具体调查程序上,我们是通过 E-mail 方式与该企业的人力资源部门负责人联系,并将调查问卷以电子版形式传送给他,由他根据企业情况自行安排时间发放,在发放前对联络人进行简要培训,强调调查的匿名性和重要性,并将问卷统一寄回。为了避免共同方法偏差问题,调查分为两个阶段。调查第一阶段,被调查者评价团队反思水平与共享心智模式;调查第二阶段,团队内部信息资源交换以及团队创新水平。

在收到问卷以后,我们按照一定的标准行了筛选,包括问卷填写信息完整程度、选项答案有无明显规律等。本书共向 120 个团队发放 500 份问卷,回收 348 份,有效问卷 303 份(有效团队 90 个),团队人数为 3—5 人。问卷的有效回收率为 60.06%。调查员工中男性占 52.8%,女性占 47.2%;就员工年龄而言,员工平均年龄 30.73 岁;就员工行业经验而言,员工行业经验平均为 6.75 年;就员工工龄而言,员工工龄平均为 5.27 年;就员工教育程度而言,高中及高中以下,仅占 4.95%,大专学历占 21.78%,本科学历占 63.37%,硕士及以上占 9.90%。调查的男性领导占 53.3%,女性领导占 46.7%;就领导年龄而言,平均年龄为 35.54 岁。调查销售类型团队占 54.44%、管理团队占 24.44%、研发团队占 21.12%;团队成立时间平均为 3.17 年。

二 研究工具

本书中的量表主要来自西方的文献,为了保证中国情境下这些量表测量的信度和效度,首先,用标准的翻译、回译程序(translation and back translation)(Brislin,1980),以确保问卷所有条目在内涵上的精确性。其次，选择了 50 名具有工作经验的 MBA 学员进行预测试，探索性因子分析表明主要变量有良好的区分效度，而且信度系数也在 0.73 以上。最后，调查问卷的条目采取李科特 5 点制计分，从"1-完全不同意"到"5-完全同意"。

（1）团队反思。根据 De Jong、Elring（2010）开发的量表，共计 5 个条目，例如，"我们团队经常检查工作目标的可行性""我们团队经常检讨过去工作方式""我们团队经常检讨工作效率问题"，该问卷的 cronbach α 系数为 0.884。

（2）团队创新。根据 Drach-Zahavy、Somech（2001）的开发量表，共计 4 个条目，比如，"团队开发创新的程序和方法""团队开发完成工作任务或者目标新颖的工作方式""为了提高创新，团队开发新的技能""团队努力完善工作战略和方法"，该问卷的 cronbach α 系数为 0.769。

（3）团队信息资源交换。本书采用 Drach-Zahavy、Somech（2001）开发的量表，共计 4 个条目，例如，"在团队中通常我们大家一起分享信息，而不是保留信息""我们彼此通告不同工作的问题""我们的确尝试交换信息与知识""在面临问题时，我的同事们总是寻找不同解释和认识观点"，该问卷的 cronbach α 系数为 0.930。

（4）共享心智模式。根据 Lee（2007）开发的量表，选取其中载荷因子高的 19 个条目，其中 10 个条目是测量任务式共享心智模式，比如，"团队成员清楚团队目标和公司整体目标的关系""团队成员对工作的重要事物具有共识"；9 个条目是测量协作式共享心智模式，比如，"我经常能预料同事的言行""团队成员对于该做什么很少产生误解"。两个分问卷的 cronbach α 系数分别为 0.966 和 0.957。

三 数据聚合和分析方法

本书测量团队反思、团队创新、团队信息资源交换和团队共享心智模式都是属于团队层面的变量，它们分析单元是团队，需要把个体层面的数据聚合到团队，并验证聚合的恰当性。学者通过组相关系数（ICC1、ICC2）和组内一致性系数（r_{wg}）进行评价。单因素方差分析显示，团队反思的组间均方差和组内均方差存在显著差异（F=3.372，p<0.01），ICC1 和 ICC2 分别为 0.31、0.60；同时，团队反思的 r_{wg} 的均值为 0.82；单因素方差分析显示，团队创新的组间均方差和组内均方差存在显著差异（F=2.705，p<0.01），ICC1 和 ICC2 分别为 0.37、0.66；同时，团队创新的 r_{wg} 的均值为 0.78；单因素方差分析显示，团队信息资源交换的组间均方差和组内均方差存在显著差异（F=4.199，p<0.01），ICC1 和 ICC2 分别为 0.45、0.73；同时，团队信息资源交换的 r_{wg} 的均值为 0.81；单因素方差分析显示，团队共享心智模式的组间均方差和组内均方差存在显著差异（F=3.425，p<0.01），ICC1 和 ICC2 分别为 0.33、0.62；同时，团队共享心智模式的 r_{wg} 的均值为 0.79。因此，以上变量数据在团队层次上的聚合是适当的和有效的。

第四节 数据分析与结果

一 变量相关分析

如表 4—1 所示本书的描述统计结果，包括了各个潜在变量的均值、标准差和两两之间的相关系数。结果表明团队反思与团队创新显著正相关（r=0.60，p<0.01），证明了假设 H1 的合理性；团队反思与团队共享心智模式显著正相关（r=0.63，p<0.01），证

明了假设 H2 的合理性；团队共享心智模式与团队创新显著正相关（r = 0.79，p < 0.01），证明了假设 H3 的合理性；团队反思与团队信息资源交换显著正相关（r = 0.65，p < 0.01），证明了假设 H5 的合理性；团队信息资源交换与团队创新显著正相关（r = 0.75，p < 0.01），证明了假设 H6 的合理性。为了更进一步证明上述假设以及团队共享心智模式与团队信息资源交换的中介作用，本书采用分层回归分析方法进行检验和分析。

表 4—1　　　　　　　研究二描述统计与相关分析

	均值	方差	1	2	3	4	5	6	7
1. 领导性别	0.47	0.50							
2. 领导年龄	35	5.61	-.09						
3. 团队性质	1.67	0.81	-.14	-.091					
4. 团队时间	3.17	1.28	-.09	.157	.27*				
5. 团队反思	3.83	0.61	.02	.22*	.06	.21*			
6. 团队创新	3.61	0.63	-.05	.061	.04	.14	.60**		
7. 心智模式	3.94	0.59	-.05	.22*	.02	.19	.63**	.79**	
8. 资源交换	3.96	0.67	-.11	.14	.12	.07	.65**	.75**	.89**

注：*p < .05，**p < .01。

二　分层回归分析

为了检验团队共享心智模式与团队信息资源交换在团队反思与团队创新之间的中介效应，根据 BARON 和 KENNY 的分析步骤，我们依次用分层回归模型说明这一过程。第一步，M1 和 M3 是分别检验 4 个控制变量（领导性别、领导年龄、团队性质、团队成立时间）对团队共享心智模式和团队信息资源交换影响，具体分析结果如表 4—2 所示；第二步，M2 在 M1 基础上，M4 在 M3 基础上加入团队反思分别检验对团队共享心智模式和团队信息资源交换的影响,具体分析结果如表 4—2 所示;第三步,M5 是检验控制变量对团队创新的影响,M6 是在 M5 基础加入团队反思对团队创新的影响,具体分析结果,如表 4—3 所示;第四步,M7 在 M5 基础上加入团队共享心智模式,M9 在 M5 基础上加入团队信息资源交换检验对团队创新的影响,具体分析结果,如表 4—3 所示;第五步,M8 在 M6 基础上加入团队共享心智模式,M10 在 M6 基础上加入团队信息资源交换检验对团队创新的影响,具体分析结果,如表 4-3 所示;第六步,M11 在 M6 基础上加入团队共享心智模式和团队信息资源交换检验对创新行为的影响,具体分析结果如表 4—3 所示。

表 4—2　　　　　　　　研究二对中介变量的分层回归

变量	心智模式		信息资源交换	
	M1	M2	M3	M4
领导性别	-.016	-.007	-.052	-.043
领导年龄	.213	.167	.172	.127
团队性质	.026	.003	.156	.134
成立时间	.135	.038	-.012	-.105
团队反思		.778***		.746***
心智模式				
信息资源交换				
R^2	.076	.666	.054	.597
调整后 R^2	.031	.645	.007	.572
检 R^2		.614***		.543***
F	1.683	32.255***	1.160	23.952***

注:* $p<.05$,** $p<.01$,*** $p<.001$。

据表 4—2 中 M2 和 M4 结果显示,团队反思显著正面影响团队共享心智模式和团队信息资源交换($\beta=.778$,$p<.001$;$\beta=.746$, p<.001），即证明了假设 H2 和假设 H5；表 4—3 中 M6 结果显示团队反思显著正面影响团队创新（β=.566，p<.001），即证明了假设 H1；表 4—3 中 M7 和 M9 结果显示团队共享心智模式、团队信息资源交换分别显著正面影响团队创新（β=.601，p<.001；β=.652，p<.01），即证明了假设 H3 和假设 H6；表 4—3 中 M8 和 M10 结果显示，在 M6 基础上分别加入团队共享心智模式和团队信息资源交换之后，团队反思对团队创新的影响变得不显著（β=.274，p>.10；β=.171，p>.10），而团队共享心智模式和团队信息资源交换依然保持显著（β=.376，p<.01；β=.508，p<.001），即说明团队共享心智模式、团队信息资源交换分别完全中介团队反思与团队创新之间的关系。表 4—3 中 M11 结果显示，在 M6 基础上同时加入团队共享心智模式和团队信息资源交换，团队反思依然对团队创新没有显著影响（β=.152，p>.10），而团队共享心智模式和团队信息资源交换依然分别对团队创新保持显著正面影响（β=.349，p<.01；β=.537，p<.001），即进一步证实了假设 H4 和假设 H7。

表 4—3　　　　　　　研究二对团队创新的分层回归

变量	团队创新						
	M5	M6	M7	M8	M9	M10	M11
领导性别	.070	.077	.080	.079	.104	.099	.064
领导年龄	.216	.183	.088	.120	.105	.118	.10
团队性质	.058	.042	.043	.040	-.043	-.026	.044
成立时间	.164	.093	.083	.079	.171	.146	.055
团队反思		.566***		.274		.187	.152
心智模式			.601***	.376**			.349**
资源交换					.652***	.508***	.537***
R2	.089	.402	.422	.449	.491	.506	.753

续表

变量	团队创新						
	M5	M6	M7	M8	M9	M10	M11
调整后 R2	.045	.365	.387	.408	.460	.469	.731
检 R2		.313***	.333***	.047*	.402***	.104***	.227***
F	2.005	10.872***	11.851***	10.806***	15.649***	13.649***	34.680***

注：$*p<.05$，$**p<.01$，$***p<.001$。

第五节　结果与讨论

一　研究结论

本书研究了团队反思对团队创新影响机制，并且探讨团队共享心智模式和团队信息资源交换的中介效应。首先，本书在文献综述的基础上提出一系列假设。其次，本书选用了西方较为成熟的团队反思、团队创新、团队共享心智模式、团队信息资源交换的测量量表，为了证明各个测量变量在中国情境中具有区分效度，我们通过验证性因子方法分析团队反思、团队创新、团队共享心智模式、团队信息资源交换之间的区分效度，数据结果显示这些测量变量具有良好的区分效度，适用于中国情境。最后，本书通过相关分析与分层回归分析检验相关假设，数据结果显示团队反思、团队共享心智模式、团队信息资源交换都显著正面影响团队创新，完全支持假设 H1、假设 H3、假设 H6；团队反思显著正面影响团队共享心智模式与团队信息资源交换，完全支持假设 H2 与假设 H5；团队共享心智模式、团队信息资源交换都在团队反思与团队创新之间发挥完全的中介作用，完全支持假设 H4 与假设 H7。总而言之，实证分析结果显示，本书所提出的 7 个假设都得到支持。

二 理论意义

首先,团队反思有助于促进团队形成共享心智模式与团队内部信息资源交换。过去检验团队反思有效性,更多的是通过绩效和创新来检验团队反思的有效性,很少有学者关注团队反思对团队认识和内部互动等方面的影响(Widmer et al.,2009)。团队反思能否形成团队的统一认识和内部交流是关键,然而,学术界都没有给出明确的答案和强有力的证据(Widmer et al.,2009)。本书通过实证研究表明,团队反思一方面有助于形成共享心智模式,另一方面也有助于团队内部信息资源交换,拓展了团队反思有效性检验范围。此外,探讨团队共享心智模式和团队信息资源交换的影响因素时,尽管团队反思日益受到学者的关注,但是学者较少关注团队反思的有效性,本书研究将团队反思与团队认知以及团队内部活动过程结合在一起,更加有助于全面理解团队反思在团队中的作用。

其次,本书证实了团队共享心智模式和团队信息资源交换两者都对团队创新产生显著的正面影响。过去不少学者通过实证研究表明团队共享心智模式与团队产出的关系,比如,Gurtner 等(2007)、McIntyre、Foti(2013)都证实了团队共享心智模式能有效预测团队绩效;国内学者金惠红、杨松青(2012)通过实证研究证明了团队共享心智模式能有效预测团队效能。团队创新作为绩效的一种,国内学者金惠红、杨松青(2012)证明了团队共享心智模式与团队创新之间的正面联系。本书研究结论恰恰与前人的研究高度一致,一方面证实了前人研究成果的有效性;另一方面为了团队共享心智模式与团队创新之间关系研究提供新的证据。另外,回顾过去团队信息资源交换与团队创新直接关系研究,虽然这方面的研究比较少,但是也有零星研究表明团队信息资源交换与团队创新之间存在显著的正面关系(Gong et al.,in press)。本书结论支持了 Gong 等(in press)的观点,并为团队信息资源交换和团队创新之间关系验证提供新的证据。

再次,打开了团队反思与团队创新之间的"黑箱"。不少研究指出团队反思有助于团队创新,不过也有学者指出团队反思与团队创新之间没有直接联系(Lee、Sukoco,2011a;2011b)。为了探究它们之间复杂的关系,本书试图通过中介的视角去打开团队反思对团队创新的影响过程。本书通过实证研究表明,团队反思通过团队共享心智模式影响团队创新,该结论恰恰为我们理解团队反思与团队创新之间的关系提供了一种新的视角。此外,回顾过去团队反思与团队行为及结果之间的相关研究,很少有学者利用共享心智模式理论去解释两者之间的关系。虽然不少的研究表明团队共享心智模式能有效解释团队投入与团队产出之间的关系(McIntyre、Foti,2013;Westli et al.,2010),然而能否有效解释团队反思与团队创新之间的关系,目前学者还没有给出强有力的证明。本书通过实证研究表明团队共享心智模式在解释团队反思与团队创新之间关系发挥一定的价值,也拓展了共享心智模式理论的解释范围。

最后,证明资源交换理论能有效解释团队反思与团队创新之间的关系。虽然不少的研究尝试通过资源交换理论解释团队投入与团队产出之间的关系(Mesmer-Magnus、DeChurch,2009;Gong et al.,in press),但是没有学者通过资源交换理论解释团队反思对团队创新的影响。根据资源交换理论,信息资源交换与知识交换和知识交合高度相关,是一项将团队潜在知识与创新有机连接在一起的关键团队活动,被证明能有效提高团队创新水平(Gong et al.,in press)。然而,资源交换理论能否有效解释团队反思对团队创新的影响,即团队信息资源交换是否在团队反思与团队创新之间发挥了中介效应,目前学术界还没有给出明确的答案和强有力的证据。本书通过实证研究表明团队信息资源交换在团队反思与团队创新之间发挥完全的中介效应，进而证明了资源交换理论能有效解释团队反思与团队创新之间的关系，拓展了资源交换理论解释范围，同时也为了解释团队反思与团队创新之间的关系提供了一种新的视角。

三 实践意义

首先，研究结果表明团队反思有助于团队创新，因此，为了增加团队创新水平，企业应该采取良好机制形成反思的文化，通过团队内部反思活动，发现团队工作中的不足，为创新工作提供良好的方向，比如，建立定期的批评和自我批评制度等。其次，本书发现共享心智模式中介团队反思与团队创新之间的关系，这意味着团队反思能否有效促进团队创新水平提升，在于能否有效激发团队共享心智模式。企业要充分发挥团队反思的效用，就意味着要帮助团队建立统一思想认识，因此，企业在问题讨论过程中要建立民主参与机制，在问题解决过程中要建立统一的思想认识。最后，本书也发现了团队信息资源交换在团队反思与团队创新之间的关系，这意味着团队反思能否有效促进团队创新，也在于能否激发团队内部信息流动。团队内部信息共享是发挥团队有效性的基础，只有充分利用团队各项资源，才能发挥团队最大效用。因此，为了提高团队创新，企业要建立良好信息共享文化和交流机制。

四 研究不足与未来研究方向

我们的研究也存在局限性。第一，我们采用的是横截面（cross-section）研究设计。尽管我们从理论上构建了团队反思与团队创新的关系，并通过多时间段收集数据，提高了研究结论的可靠性。但是这不能有效排除反向的因果关系，即到底是团队反思成功引导了团队创新，还是团队创新的成功造成人们感受到更多的团队反思？未来研究可以采取纵贯研究和实验法探讨团队反思、团队共享心智模式、团队信息资源交换以及团队创新之间的因果关系。第二，尽管本书采用了一些方法（如从不同来源收集数据等）来控制社会赞许性问题，未来我们需要采用更多的方法，如在问卷中加入社会赞许性量表，采取客观数据测量，来控制上述问题的出现。第三，本书仅仅关注了团队反思对团队层面的创新的影响，未来研究还可以构建多层次团队反思的作用模型，可以比较准确地估计不同层次的因素以及它们之间的交互作用对于因变量的影响。第四，取样的局限性。本书研究数据全部来自同一家企业的样本，这使得研究结论无法排除企业特征所带来的影响，在某种程度上降低了研究的外部效度。然而，从另一个角度来说，样本来自同一家企业却有助于排除行业或者企业差异给研究结论带来的影响，使得我们从分析中所得出的结论更能反映研究变量之间的"纯"联系（张新安、何惠、顾锋，2009）。但是无论如何，本书研究结论在被认为是普遍适用之前，尚需在其他不同的行业或者企业情境做进一步的检验。

第六节　结语

虽然很多研究证实了团队反思能有效提高团队创新，但是对团队反思如何影响团队创新，目前学术界还缺乏深入的探讨。为了打开团队反思与团队创新之间作用"黑箱"，本章节重点关注了团队反思对团队创新影响的中介机制。本书尝试采用信息资源交换视角和心智模式理论去解释团队反思对团队创新的影响，即检验信息资源交换和共享心智模式的中介效应。通过对90个团队303名员工样本调研，运用SPSS17.0软件对数据进行分析，结果表明：团队反思有助于提高团队创新，增加内部信息资源交换，并有助于团队形成统一的心智模式；团队成员之间信息资源交换和统一心智模式有助于团队创新水平的提升；团队信息资源交换完全中介团队反思对团队创新的影响；此外，团队共享心智模式完全中介团队反思对团队创新的影响。

第五章

团队反思对团队创新影响的权变模型

第一节 本章引言

上一章节通过团队创新来探讨团队反思的有效性，尝试利用中介方式打开团队反思对团队创新影响的"黑箱"，并证明了团队共享心智模式和团队信息资源交换能有效地传递团队反思对团队创新的影响。此外，也有零星的学者尝试利用情境交互的方式来揭开团队反思与团队创新之间关系的"黑箱"。为了更加全面地理解团队反思与团队创新之间的关系，本书采用情境交换方式进一步探索它们之间的复杂关系。

团队反思有助于团队发现问题和不足，并为未来改进提供方向，但是团队能否将反思行为转换为创新结果，日益受到学者的关注和研究讨论。有学者证实了团队反思有助于提高团队创新（Lee，2008；Lee、Sukoco，2011a；MacCurtain，2010），不过也有持有不同意见的学者认为团队反思并不一定会带来团队创新（Wong et al.，2007），是因为在团队反思与团队创新关系之间存在很多不稳定的因素（Dayan、Basarir，2009），它们会干扰团队反思对团队创新影响的有效性。与此同时，学者也广泛采用交互方式探讨情境变量和特征变量共同对团队创新的影响（Choi、Anderson、Veillette，2009；Somech、Drach-Zahavy，in press）。这种研究方式表明要充分理解团队创新形成机制，需要考虑团队成员的工作环境（Somech、Drach-Zahavy，in press；Bamberger，2008）。尽管有零星研究采用交互方式探讨团队反思和团队创新之间的边界条件（Dayan、Basarir，2009），但是还存在大量可探索的空间，需要学者进一步分析和实证研究（张文勤、石金涛，2010）。

以往的研究结果表明，任务依赖性和绩效考核导向被认为是影响员工行为的重要约束条件，也是影响团队投入转换成团队产出重要的情境因素（Vidyarthi et al.，2013；文鹏、廖建桥，2010；吴培冠、陈婷婷，2009）。由此可知，在不同任务类型和绩效考核导向环境中，团队反思可能会激发团队成员作出不同的行为选择。在任务高依赖性的团队中，团队成员之间工作相互关联，工作业绩相互影响（Vidyarthi et al.，2013），团队反思有助于团队成员采取统一行动改善工作业绩中不良的地方，进而有助于提高团队创新；同样，如果团队考核导向是发展式考核，而不是评估式考核，那么团队成员将关注工作中的不足和需要改进的地方（文鹏、廖建桥，2010；吴培冠、陈婷婷，2009），团队反思恰好为团队成员提供改进方向，进而有助于提高团队创新。然而，对于任务依赖性和绩效考核导向具体如何影响团队反思与团队创新之间的关系，目前并没有详细说明和实证研究。因此，本书的目的就是探讨任务依赖性和绩效考核导向在团队反思与团队创新关系之间的调节效应。

第二节 理论与假设

一 任务依赖性的调节效应

任务依赖性是团队研究中比较重要的一个变量（Kozlowski、Klein，2000），是指团队成员之间任务相互关联程度（Van Der Vegt、Janssen，2003；Van Der Vegt et al.，2002），这种依赖的程度可能表现在信息、资源或者过程方面。任务依赖性最早被用于技术领域，后来（Stewart、Barrick，2000）在任务依赖性"合作要求"本质上将其上升为团队层面的概念。对于任务依赖性的团队来说，团队任务的完成需要团队成员的共同参与和付出，团队成员个人的工作也需要其他成员的合作，缺少任何一位成员的努力团队任务都将难以达成，因此团队成员之间的合作交流较多（Wann et al.，2006）。有学者研究发现团队的任务依赖性可以增加团队成员之间的交流、帮助、信息分享以及组织公民行为（Wann et al.，2006）。

对于任务依赖性低的团队来说，团队任务的完成对成员工作的依赖性较小，成员个人的工作对其他人的工作依赖性较小（Ramamoorthy et al.，2004）。对于任务依赖性高的团队，团队成员在对工作目标、流程、方式与方法以及内部互动情况等全方位的检查之后，容易将工作努力的方向转移到创新方向上（Hon、Chan，2013），是因为团队成员之间工作需要相互配合和支持，才能有效完成团队工作的目标（Vidyarthi et al.，2013）。如果团队成员不相互配合和支持，团队成员之间的工作都将无法有效完成，进而影响团队成员每个人的利益。相反，对于任务依赖性低的团队，团队成员之间工作相互依赖程度低，每个人的工作都能独自完成。在这样的团队中团队成员只会关心自己的工作，不关心其他成员的工作（Glynn et al.，2010），即使团队反思为团队工作改进或者完善提供了方向，也难以将团队力量聚合在一起，充分发挥团队成员各自优势，进而制约了团队创新进一步提高。因此，综上所述，本书可以提出以下假设：

H1：任务依赖性调节团队反思与团队创新之间的关系，即相对于低任务依赖性的团队，团队反思对低任务依赖性团队的创新正面影响效果更大。

二 绩效考核导向的调节效应

绩效考核导向是指员工感觉到组织绩效考核的最终目的（Cleveland et al.，1989）。自从（Meyer，1956）提出绩效考核的双重本质之后，学术界开始将绩效考核导向，分为发展式绩效考核导向（developmental performance appraisal guide）和评估式绩效考核导向（assessment performance appraisal guide）两种类型。前者是为了确定如何激励员工使其有更高的绩效表现，帮助员工职业规划，为员工提供绩效反馈，改进员工工作不足，挖掘员工潜力并提供相关培训和职业规划（Kuvaas，2007）；后者是为了评估员工绩效而展开的相关考核，考核结果决定员工的薪酬水平与奖金、职位调动、去留、升迁或降职等奖惩措施（Kuvaas，2007）。由于绩效考核已成为组织不可或缺的管理制度，日益成为员工无法回避的，影响员工切身利益的主要管理制度之一（Campbell、Lee，1988；Boswell、Boudreau，2002）。与此同时，绩效考核导向代表组织管理工作重点和方向，也反映了组织对员工和团队的工作要求，会对员工和团队产生很大的影响，同时也会成为员工和团队行为重要的外在约束条件。

通过反思活动，团队能够发现不足，并且为团队调整提供方向，这些都有助于创新。当团队处在发展式绩效考核导向高时，团队成员不需要为任务考核承受压力，可以将时间、精力和资源放在改进和发展上（文鹏、廖建桥，2010；吴培冠、陈婷婷，2009；Kuvaas，2007）。在这样的考核环境下，团队成员能够坦然面对不足，并且对不足采取改进的行为（Hülsheger et al.，2009），进而有利于团队反思转换成团队创新结果。因此，相对于发展式绩效考核导向低时，团队反思对高发展式绩效考核导向团队的创新影响更大。相反，当团队处在评估式绩效考核导向高时，团队成员的未来发展与任务绩效的好坏息息相关，在这样的考核环境下，团队成员会承担更大的考核压力，不太愿意投入更多的时间、精力和资源在行为调整过程中，进而不利于团队反思转换成团队创新结果。因此，相对于高评估式绩效考核导向的团队，团队反思对低评估式绩效考核导向团队的创新正面影响效果更大。综上所述，本书提出以下假设：

H2：发展式绩效考核导向调节团队反思对团队创新的影响，即相对于低发展式绩效考核导向的团队，团队反思对高发展式绩效考核导向团队的创新正面影响效果更大。

H3：评估式绩效考核导向调节团队反思对团队创新的影响，即相对于高评估式绩效考核导向的团队，团队反思对低评估式绩效考核导向团队的创新正面影响效果更大。

第三节 研究方法

一 研究对象与程序

在河南安阳，我们针对大型钢铁制造企业进行了问卷调查。由于过去钢铁行业的粗放式发展，导致很多钢铁企业产能过剩，钢铁企业面临越来越激烈的竞争环境。为了应对外部环境的挑战，迫切需要员工和团队加强内部反思和创新水平，通过创新来改变过去的生产经营模式和盈利模式，并认为有必要深入研究阻碍团队创新的因素。为此，本书得到总公司高层的认可和帮助。在与一些基层员工的交流过程中，发现团队文化氛围对团队创新水平有很大的影响。在具体调查程序上，通过 E-mail 方式与该企业的人力资源部门负责人联系，并将调查问卷以电子版形式传送给他，由他根据企业情况自行安排时间发放，在发放前对联络人进行简要培训，强调调查的匿名性和重要性，并将问卷统一寄回。为了避免共同方法偏差问题，调查分为两个阶段。调查第一阶段，被调查者评价团队反思水平与团队任务依赖性；调查第二阶段，绩效考核导向以及团队创新水平。

本书共向 120 个团队发放 500 份问卷，回收 348 份，有效问卷 303 份（有效团队 90 个），团队人数在 3—5 人，问卷的有效回收率为 60.06%。调查员工中男性占 52.8%，女性占 47.2%；就员工年龄而言，员工平均年龄 30.73 岁；就员工行业经验而言，员工行业经验平均为 6.75 年；就员工工龄而言，员工工龄平均为 5.27 年；就员工教育程度而言，高中及以下仅占 4.95%，大专学历占 21.78%，本科学历占 63.37%，硕士及以上占 9.90%。调查的男性领导占 53.3%，女性领导占 46.7%；就领导年龄而言，平均年龄为 35.54 岁。调查销售类型团队占 54.44%、管理团队占 24.44%、研发团队占 21.12%；团队成立时间平均为 3.17 年。

二 研究工具

为了保证测量条目测量精准性，首先，本书采用标准的翻译、回译的程序（translation and back translation）（Brislin，1980），其次，选择了 50 名具有工作经验的 MBA 学员进行预测试，探索性因子分析表明主要变量有良好的区分效度,而且信度系数也在 0.80 以上。最后,调查问卷的题目采取李科特 5 点制计分,从 "1 – 完全不同意" 到 "5 – 完全同意"。

(1) 团队反思。根据(De Jong、Elring,2010)开发的量表,共计 5 个条目,例如,"我们团队经常检查工作目标的可行性""我们团队经常检讨过去工作方式""我们团队经常检讨工作效率问题",该问卷的 cronbach α 系数为 0.884。

(2) 团队创新。根据(Drach-Zahavy、Somech,2001)的开发量表,共计 4 个条目,比如,"团队创新的程序和方法""团队开发完成工作任务或者目标新颖的工作方式""为了提高创新,团队开发新的技能""团队努力完善工作战略和方法",该问卷的 cronbach α 系数为 0.769。

(3) 团队任务相互依赖性。本书采用(Van Der Vegt、Emans、Van De Vliert,2000)使用的量表,共计 4 个条目,例如,"我很少与他人一起检查或者工作""我要依赖于我同事才能完成我的工作""我要与我的同事紧密合作,才能有效地完成我的工作""同事为了完成他们的工作,需要向我获取信息和意见",该问卷的 cronbach α 系数为 0.884。

(4) 绩效考核导向。本书采用(文鹏、廖建桥,2010)修订的中文版量表,共计 8 个条目,其中测量发展式绩效考核导向有 4 个条目,例如,"绩效考核结果帮助团队成员识别自身培训需求""绩效考核提供清晰的团队成员发展目标";测量评估式绩效考核导向有 4 个条目,例如,"绩效考核结果决定薪酬水平的高低""绩效考核结果与晋升有很强的联系",两个分问卷的 cronbach α 系数分别为 0.859 和 0.994。

三 数据聚合和分析方法

本书测量团队反思、团队创新、任务依赖性和绩效考核导向都是属于团队层面的变量,它们分析的单元是团队,需要把个体层面的数据聚合到团队,并验证聚合的恰当性。学者通过组相关系数(ICC1、ICC2)和组内一致性系数(r_{wg})进行评价。单因素方差分析显示,团队反思、团队创新、任务相互依赖性、发展式绩效考核导向、评估式绩效考核导向的组间均方差存在显著差异(F = 3.372,$p < 0.01$;F = 2.705,$p < 0.01$;F = 3.008,$p < 0.01$;F = 3.568,$p < 0.01$;F = 2.976,$p < 0.01$)。团队反思、团队创新、任务相互依赖性、发展式绩效考核导向、评估式绩效考核导向的ICC1分别为0.31、0.37、0.39、0.36、0.30;团队反思、团队创新、任务相互依赖性、发展式绩效考核导向、评估式绩效考核导向的ICC2分别为0.60、0.66、0.68、0.65、0.59;团队反思、团队创新、任务相互依赖性、发展式绩效考核导向、评估式绩效考核导向的r_{wg}分别为0.82、0.78、0.76、0.79、0.78。因此,以上变量数据在团队层次上的聚合是适当的和有效的。

第四节 数据分析

一 变量相关分析

如表5—1所示控制变量中领导性别、年龄、团队性质以及团队成立时间与团队反思都没有显著相关;团队反思与团队创新之间显著正相关($r = 0.60$,$p < 0.01$)。为了证明假设1、假设2与假设3,本书采用回归分析方法进行验证。

表5—1　　　　　　　　研究三描述统计与相关分析

	均值	方差	1	2	3	4	5	6	7	8
1. 领导性别	0.47	0.50								

续表

	均值	方差	1	2	3	4	5	6	7	8
2. 领导年龄	35	5.61	-.09							
3. 团队性质	1.67	0.81	-.14	-.09						
4. 团队时间	3.17	1.28	-.09	.16	.27*					
5. 团队反思	3.83	0.61	-.05	.06	.04	.14				
6. 团队创新	3.61	0.63	.02	.22*	.06	.21*	.60**			
7. 评估导向	2.27	0.65	-.02	-.22*	-.09	-.10	-.62**	-.66**		
8. 发展导向	3.74	0.65	.08	.12	.18	.21	.78**	.58**	-.63**	
9. 任务依赖性	4.11	0.61	-.11	.11	.12	.18	.71**	.61**	-.66**	.58**

* $p < 0.05$，** $p < 0.01$，*** $p < 0.001$。

二 分层回归分析

为了检验绩效考核导向和团队任务依赖性的调节作用，本书采用了层次回归分析的方法。为避免共线性和回答偏差的影响，回归方程中的自变量做了中心化处理（Aiken、West，1991）。假设1、假设2与假设3时，以团队创新为因变量，分别做了四步回归：第一步引入控制变量领导性别、年龄、团队性质和团队时间；第二步在控制变量基础上加入团队反思；第三步在第二步基础上分别加入任务依赖性、评估导向、发展导向；第四步在第三步基础上分别加入任务依赖性、评估导向、发展导向与团队反思的交互项。

其中M1是检验控制变量领导性别、年龄、团队性质和团队时间对团队创新的影响；M2是检验控制变量和团队反思对团队创新的影响；M3是检验控制变量、团队反思和任务依赖性对团队创新的影响；M4是检验控制变量、团队反思、任务依赖性以及团队反思与任务依赖性交互项对团队创新的影响；M5是检验控制变量、团队反思和评估导向对团队创新的影响；M6是检验控制变量、团队反思、评估导向以及团队反思与评估导向交互项对团队创新的影响；M7是检验控制变量、团队反思和发展导向对团队创新的影响；

第五章 团队反思对团队创新影响的权变模型

M8 是检验控制变量、团队反思、发展导向以及团队反思与发展导向交互项对团队创新的影响。具体分析结果如表 5—2 所示。

M2 中数据结果显示团队反思显著正面影响团队创新（$\beta = 0.566$，$p < 0.001$），即证明了假设 1；M4 数据结果显示团队反思与任务依赖性交互项显著正面影响团队创新（$\beta = 0.323$，$p < 0.01$），即证明了任务依赖性调节团队反思与团队创新之间的关系。为了更直观地观察调节作用，我们按照（Aiken、West，1991）的建议，对任务依赖性的均值加减一个标准差，将样本分成任务依赖性高和任务依赖性低的团队，并分别计算回归方程。从调节示意图看，如图 5—1 所示相对于任务依赖性低的团队而言，团队反思对任务依赖性高的团队创新影响程度更大，即进一步证明了假设 1。

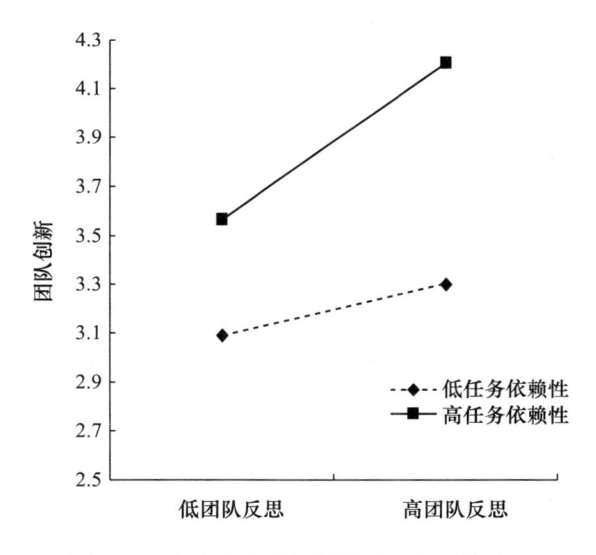

图 5—1　任务依赖性与团队反思交互作用图

M6 数据结果显示团队反思与评估导向交互项显著正面影响团队创新（$\beta = -0.211$，$p < 0.05$），即证明了评估导向调节团队反思与团队创新之间的关系。为了更直观地观察调节作用，我们按照

(Aiken、West，1991) 的建议，对评估导向的均值加减一个标准差，将样本分成评估式绩效考核导向高和评估式绩效考核导向低团队，并分别计算回归方程。从调节示意图看，如图5—2所示相对于评估导向高的团队而言，团队反思对评估导向低的团队创新影响程度更大，即进一步证明了假设2。

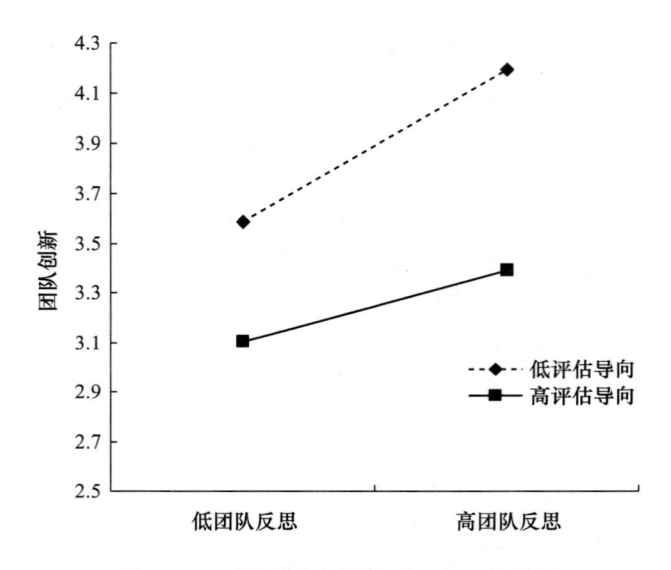

图5—2 评估导向与团队反思交互作用图

M8数据结果显示团队反思与发展导向交互项显著正面影响团队创新（$\beta = 0.197$，$p < 0.05$），即证明了发展导向调节团队反思与团队创新之间的关系。为了更直观地观察调节效应，我们按照（Aiken、West，1991）的建议，对发展式绩效考核导向的均值加减一个标准差，将样本分成发展式绩效考核导向高和发展式绩效考核导向低团队，并分别计算回归方程。从调节示意图看，如图5—3所示，相对于发展式绩效考核导向低的团队而言，团队反思对发展式绩效考核导向高的团队创新影响程度更大，即进一步证明了假设3。

第五章　团队反思对团队创新影响的权变模型

表5-2　研究三回归分析结果

变量	团队创新							
	M1	M2	M3	M4	M5	M6	M7	M8
领导性别	.070	.077	.090	.025	.037	-.014	.047	.024
领导年龄	.216*	.183*	.153	.157	.085	.095	.164	.169
团队性质	.058	.042	.005	-.005	-.014	-.011	.005	.005
团队成立时间	.164	.093	.078	.070	.118	.113	.085	.076
团队反思		.566***	.295*	.312**	.285**	.340***	.395***	.405***
任务依赖性			.391***	.565***		-.497***		
评估导向					-.467***			
发展导向				.323***			.220*	.296*
反思*任务依赖						-.211*		
反思*评估导向								
反思*发展导向								.197*
R2	.089	.402	.474	.539	.526	.561	.417	.448
调整后R2	.045	.365	.435	.498	.490	.523	.373	.399
检R2		.313***	.072***	.065**	.124***	.035*	.015	.031*
F	2.005	10.872***	12.013***	13.176***	14.794***	14.447***	9.534***	9.169***

$p<0.05$, ** $p<0.01$, *** $p<0.001$。

· 101 ·

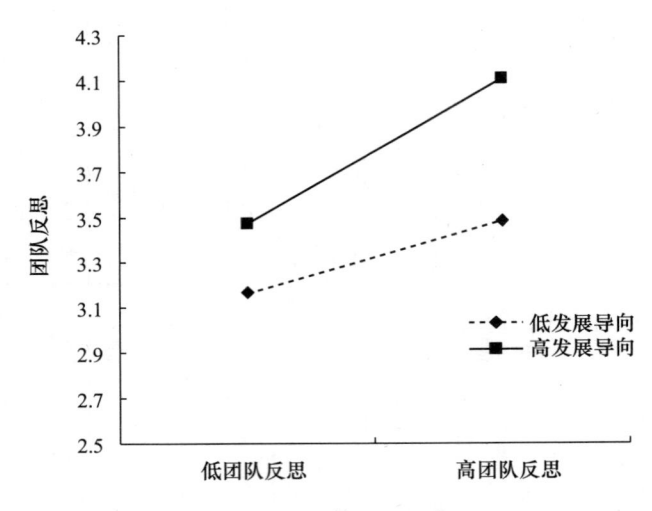

图 5—3　发展导向与团队反思交互作用图

第五节　分析与讨论

一　研究结论

本书研究了团队反思对团队创新的影响，并探讨了团队任务依赖性与绩效考核导向的调节效应。首先，本书在文献综述的基础上提出一系列的假设。其次，本书选用了西方比较成熟的团队反思、团队创新、绩效考核导向以及团队任务依赖性的测量量表，为了证明各个测量变量在中国情境中具有区分效度，我们通过验证性因子分析方法分析团队反思、团队创新、团队任务依赖性、绩效发展导向以及绩效评估导向具有良好的区分效度，适用于中国情境。最后，本书通过相关分析和分层回归分析检验相关假设，数据结果显示了团队反思显著正面影响团队创新，完全支持 H1 假设；团队任务依赖性显著调节团队反思与团队创新之间的关系，完全支持 H2 假设；团队发展式绩效考核导向显著调节团队反思与团队创新之间的关系,完全支持 H3 假设;团队评估式绩效考核导向显著调节团队反思与团队创新之间的关系,完全支持 H4 假设。总而言之,实证分析结果显示,本书所提出的 4 个假设都得到了很好的支持。

二 理论意义

首先,虽然不少的研究表明团队反思有助于团队创新(MacCurtain et al.,2010;Dayan、Basarir,2008),但是也有学者指出团队反思与团队创新之间的关系可能受到各种因素的干扰(Lee、Sukoco,2011),影响它们之间关系的稳定性,并且呼吁持续关注它们之间的边界条件(Schippers et al.,2012)。(Schippers 等,2012)通过对健康护理团队调查时研究发现,团队反思对团队创新的影响会受到工作负荷和物理工作环境质量的影响。团队反思对团队创新之间是否还存在其他的干扰因素,目前学术界还没有进一步的深入实证和研究。本书通过实证研究证明了团队反思与团队创新之间关系会受到其他因素的干扰,比如,团队任务依赖性。该研究一方面回应了以前学者的呼吁,另一方面挖掘出了团队反思与团队创新之间的边界条件。与此同时,过去研究团队反思与团队行为或者结果之间的关系,很少关注工作特征对两者之间关系的约束作用。本书从工作特征视角探讨团队反思与团队创新之间的关系,结果表明团队之间任务依赖性会干扰团队反思对团队创新的影响结果,即证明了团队工作特征是一个重要的约束条件,该结论与(Stewart、Barrick,2000;Langfred,2005)等的研究结论不谋而合,需要未来学者持续关注与探讨。

其次,虽然不少学者认为绩效考核是一个重要的情境因素(Heslin、VandeWalle,2011;Russ、McNeilly,1995),但是很少有人探讨绩效考核导向对不同因素之间关系的约束作用。绩效考核导向会不会影响团队反思与团队创新之间的关系,目前学术界还没有给出强有力的证据。过去也有零星研究关注绩效考核的约束作用，主要集中关注绩效考核对一些因素与个体行为与绩效之间关系的影响（贺伟、龙立荣，2011，Spencer、Steers，1981），很少在团队层面关注绩效考核导向对一些因素与团队行为与绩效之间关系的影响（吴培冠、陈婷婷，2009）。

最后，本书通过实证研究表明绩效考核导向会干扰团队反思对团队创新的影响效果。该研究不仅仅在团队层面探讨了绩效考核导向对团队反思与团队行为之间关系的影响，也证明了团队反思与团队创新之间存在理论边界条件。与此同时，尽管过去研究团队反思与团队创新之间关系时关注了情境因素的干扰，但是很少有人从绩效考核视角去探讨。绩效考核作为组织管理的重要手段，其深刻影响组织、团队与个体各项行为。然而，却很少有人关注绩效考核导向的影响。本书从绩效考核视角去探讨绩效考核导向的约束作用，拓展团队反思与团队创新之间的关系研究，也弥补了现有研究的不足。

三 实践意义

由于团队反思对组织的重要性，本书开展了中国情境下的团队反思的实证研究。虽然团队反思对团队创新有重要的影响，但是团队反思对团队创新的影响并不是一帆风顺的，其影响效果会受到各种影响因素的干扰，比如，工作特征和考核制度。为此，根据本书的研究结论给出以下管理建议：第一，在任务依赖性不同团队中，团队反思对团队创新的影响有差异，为了充分发挥团队反思有效性，管理者应该在团队任务设计时，尽量保证团队成员之间的工作内容是相互依赖的，而不是独立的，这样才能保证团队反思的结果能够在团队中得到有效执行，否则团队反思活动容易走向形式化，影响团队反思结果转换成团队创新。第二，在不同考核环境下，团队反思对团队创新的影响也存在差异，为了提高团队反思转换团队创新结果的效率，管理者在考核导向选择方面，尽量采用发展式绩效考核导向，少采用评估式绩效考核导向，这是因为评估式绩效考核导向使得团队成员更多关注工作结果，忽略工作过程，发展式绩效考核导向可以让团队成员更多关注工作过程中的不足。

四 研究不足与局限

本书主要存在以下几个问题：第一，样本的缺陷。本书采用一家企业的数据，这使得研究结论缺乏外部效度。然而，从另一个角度来说，这样的数据有利于排除行业或者企业差异给研究结论带来的影响，使得我们从分析中所得出的结论更能反映研究变量之间的"纯"联系（张新安、何惠、顾锋，2009）。但是无论如何，本书研究结论在被认为是普遍适用之前，尚需在其他不同的行业或者企业情境做进一步的检验。第二，横截面数据。本书收集的数据都是横截面数据，无法提供因果关系的检验。未来可以采用纵向研究和实验研究探讨它们之间的关系。

未来的研究可以从以下几个方面展开：第一，本书重点在团队层面探讨了团队反思对团队创新的影响，没有在个体层面探讨团队反思对个体创新行为的影响，未来研究可以采取多层次视角全方面探讨团队反思对团队层面和个体层面行为或结果的影响。第二，本书重点探讨了团队反思对团队创新的影响，没有探讨团队反思对团队其他活动和结果的影响，未来研究可以在其他方面检验团队反思的有效性，比如，检验团队反思对组织公民行为、主动行为、变革抵制行为等行为的影响。第三，本书侧重关注考核制度和工作特征两个方面，没有特别考虑组织特征，如所有制性质等，本书研究结果在应用领域方面可能存在一定局限性，因此，未来研究可以探讨组织特征因素，如企业所有制与企业所在行业对团队反思与团队创新的关系调节,也可以考虑将企业所有制与企业所在行业作为控制变量。

第六节　结语

不少研究表明,团队反思对团队创新有很大的影响,但是有学者指出团队反思对团队创新的影响会受到外在因素和内在因素的制约和干扰。为了探寻这两种主要学术观点的差异产生的原因,本书从绩效情境视角探讨任务特征和绩效考核导向对团队反思与团队创新之间关系的影响,即检验了任务相互依赖性的调节效应和绩效考核导向调节效应。通过收集 90 个团队 303 名员工样本数据,运用 SPSS17.0 对数据进行分析,结果表明团队反思对团队创新的影响会受到外在因素的影响,其中团队反思对团队创新产生正面影响;任务相互依赖性调节团队反思对团队创新的影响,即团队反思对任务依赖性高的团队创新影响更大;发展式绩效考核导向调节团队反思对团队创新的影响,即团队反思对发展式绩效考核导向高的团队创新影响更大;评估式绩效考核导向调节团队反思对团队创新的影响,即团队反思对评估式绩效考核导向低的团队创新影响更大。

第六章

团队反思研究展望

　　由于我国处在经济转型的特殊时期,组织和团队所面临的不是稳定不变的外部环境,而是不确定性比较高的外部环境。在这样的外部环境中,团队计划、行为和过程容易产生偏差,进而影响团队和组织的生存和发展。如何减少团队应对外部环境偏差和失误行为,成为学术界和实践界共同关注的话题。为此,学者不断呼吁团队和组织在工作过程中多进行反思,是因为通过团队反思可以帮助团队及时矫正工作目标的不合理性、行为和过程偏差等。作为团队组织中一个非常重要的活动,团队反思被研究证实有助于团队应对不确定性和模糊性的外部环境。与此同时,创新也被很多学者认为是应对外部挑战的重要手段之一,日益成为企业和团队生存和发展的持续动力所在。如何提高团队创新成为学者和实践者广泛关注的热点话题。基于此,本书尝试将团队反思与团队创新结合在一起,探讨团队反思是对团队创新的作用效果、内在机制以及相关的边界条件。然而,团队反思与创新之间还有很多问题有待于学者进一步厘清。因此,本书围绕团队反思展开相关的研究,主要研究目的是探讨团队反思的影响因素,团队反思对团队创新影响过程以及团队反思对团队创新影响的边界条件。采用了三个实证研究共同探讨上述主要问题,得到了一些创新的且有价值的结论,拓展了团队反思的理论研究,但同时也产生了一些新的研究问题,值得未来研究的进一步深入探讨和实证检验。

第一节　研究总体结论与讨论

（1）通过实证研究表明，领导行为在提升团队反思方面发挥独特的作用。然而，领导行为对团队反思的影响会受到不同因素的制约，其中外部环境特征和团队价值观被证实了干扰领导行为影响效果的重要制约条件。具体研究结论：社会魅力型领导有助于团队反思水平的提升；外部环境不确定性调节社会魅力型领导对团队反思的影响，即相对于外部环境不确定性低的团队，社会魅力型领导对外部环境不确定性高的团队反思影响更大；团队促进焦点导向调节社会魅力型领导对团队反思的影响，即相对于促进焦点导向低的团队，社会魅力型领导对促进焦点导向高的团队反思影响更大。

（2）团队投入—产出之间的关系一直受到学者关注。团队反思作为团队投入活动一种，是否有助于团队创新产生，引起不少学者的兴趣。本书从投入—产出视角探讨了团队反思与团队创新之间的关系。通过实证研究表明，团队反思有助于提高团队创新水平，团队反思有助于团队形成共享心智模式和促进团队成员之间信息资源交换。团队共享心智模式和团队信息资源交换有助于团队创新。中介效应检验结果表明团队共享心智模式在团队反思与团队创新之间发挥完全的中介作用；团队信息资源交换在团队反思与团队创新之间也发挥完全的中介作用。

（3）作为团队投入的一种形式，团队反思与团队创新之间的关系引起了学者广泛的关注。学术界开始尝试探讨它们之间关系的边界条件。为了更加丰富而又全面理解团队反思与团队创新之间的关系。本书探讨了与工作相关的情境因素对团队反思与团队创新之间关系的影响，通过实证研究表明，与工作情境相关因素中的工作任务依赖性和绩效考核导向调节团队反思与团队创新之间的关系，具体研究结论为：相对于任务依赖性低的团队，团队反思对任务依赖性高的团队创新影响更大；相对于发展式绩效考核导向低的团队，团队反思对发展式绩效考核导向高的团队创新影响更大；相对于评估式绩效考核导向高的团队，团队反思对评估式绩效考核导向低的团队创新影响更大。

第二节　团队反思研究局限性

尽管本书在理论构建与实证设计方面追求严谨，但是受到资源和调研难度等因素的制约，仍然存在以下几点的局限性。

（1）实证调查的局限性。首先，本书中研究变量全部是团队层面的变量，收集数据时要以团队方式收集。资源有限性的缺点，使得本书很难保证调查团队类型比较全面，即所有团队类型都被调查；此外即使调查一种类型团队，难以满足团队层面研究样本数量的要求。因此，在实际操作过程中本书只是关注管理团队、销售团队和技术研发团队。其次，考虑到资源有效性问题，本书选择团队类型采取方便样本，即选择在同一个企业组织的团队进行调研，没有完全随机化的抽样。最后，虽然团队在调查过程中采取分阶段方式进行，但是本书存在所有变量来自团队成员自我报告的方式测量，比如，社会魅力型领导与团队反思测量，存在同源偏差的问题。

（2）研究层次的局限性。首先，本书研究主要从团队层面探讨不同因素对团队反思的影响，以及团队反思对团队创新的影响过程及边界条件，并没有考虑团队反思对个体层面因素影响，比如，团队反思状态对员工动机、认知、态度以及工作绩效的影响。其次，本书不管探讨社会魅力型领导对团队反思影响的权变模型，还是探讨团队反思对团队创新的权变模型，都只是考虑团队层面影响对它们之间关系的影响，并没有考虑到个体性格、认知能力与风格以及价值观方面对它们之间关系的影响。最后，无论是社会魅力型领导对团队反思的影响，还是团队反思对团队创新的影响，都可能存在较大的文化差异性。不少华人学者如徐淑英、周京、陈晓萍、樊景立等学者提出研究中国管理问题需要关注文化情境因素。然而，本书研究的变量全部采用西方情境下测量问卷，并且研究模型也没有考虑文化情境因素，这是本书后续研究需要进一步关注和深入探讨的。

（3）测量方式的局限性。首先，本书研究团队创新采取主观方式进行测量，虽然不少的研究呼吁采用客观方式进行测量团队创新，但是考虑到三种类型团队（管理团队、销售团队与技术研发团队）衡量很难使用统一客观标准进行测量，为了保证不同团队之间可衔接性，本书采用主观测量方式。其次，不少研究指出团队反思包含多个过程团队活动，其测量应该包含团队反思的不同过程，比如，包括任务反省、过程反省和行动调整三个维度，这样才能完全反映团队反思内涵，由于目前团队反思大部分的研究还是从单一维度进行测量，将团队反思看成一个整体并没有细分团队反思各个维度，遵照主流做法本书采取团队反思单一维度测量方式。

第三节 团队反思研究新方向

在本书研究的基础上，未来学者可以从以下几个方面去拓展团队反思的研究。

（1）未来研究可以持续关注团队反思的影响因素。本书主要从领导风格视角探讨团队反思的产生原因，忽略领导其他方面因素的影响，比如，领导的价值观、性格以及动机等，未来学者可以全方面探讨领导因素在提高团队反思水平方面的作用。与此同时，未来学者可以关注其他团队因素对团队反思的影响，比如，团队心理安全氛围与团队差错文化等因素的影响，这些因素都是目前学者所忽略的。此外，未来学者可以关注团队中负面因素对团队反思的影响，目前团队反思的前因变量研究总体上关注积极因素，比如，变革型领导等，较少关注负面因素的影响，比如，辱虐管理等。

（2）未来研究可以深入研究社会魅力型领导对团队反思影响机制和边界条件研究。本书主要关注了社会魅力型领导对团队反思的影响边界条件，没有关注社会魅力型领导对团队反思的影响机制。未来学者可以关注团队变革责任感知与团队心理安全氛围在社会魅力型领导与团队反思之间新的中介效应。此外，本书关注外部环境不确定性与团队绩效考核导向对社会魅力型领导与团队反思之间关系的调节，忽略了对其他因素的关注，未来学者可以关注其他方面的因素对两者之间关系的干扰，比如，团队目标导向、团队多样性以及团队结构等因素的调节效应，这些因素都被认为是重要的情境因素。

（3）拓展团队反思有效性检验范围。本书主要通过团队创新来检验团队反思有效性，未来学者可以从团队其他方面来检验团队反思有效性，比如，群体公民行为、团队适应性绩效、团队持续承诺等。另外，未来学者可以通过个体层面态度、行为与结果来检验团队反思有效性，比如，个体变革责任感知、主动行为、创新行为以及任务绩效等。本书采用主观方式测量团队创新，未来学者可以通过客观方式测量团队创新来检验团队反思的有效性，或者比较团队反思对主观和客观测量团队创新影响的差异。最后，未来学者可以比较团队反思对个体与团队变量影响的差异，比如，比较团队反思对个体创新与团队创新影响的差异，或者比较团队反思对个体责任感知与团队责任感知影响的差异。

（4）进一步深入地探讨团队反思与团队创新之间的关系。虽然本书尝试了打开团队反思与团队创新之间关系的"黑箱"，但是依然还存在很多问题需要进一步深入探讨。一方面，未来学者可以进一步挖掘团队反思与团队创新之间新的中介机制，比如，尝试运用社会认同理论和社会学习理论解释团队反思与团队创新之间的关系；另一方面，未来学者可以进一步挖掘团队反思对团队创新影响的边界条件，比如，关注企业所有制、团队成员关系质量以及团队成员认知多样性等因素对团队反思与团队创新之间关系的调节效应。

（5）未来研究可以通过跨层方式探讨团队反思对员工层面态度、行为和结果的影响以及对组织层面结果的影响。本书主要集中在团队层面探讨团队反思的形成机制与有效性，没有从个体层面探讨团队反思对员工行为影响，如主动行为、建言行为以及组织公民行为等，未来研究可以通过团队层面和个体层面结果比较团队反思影响的差异。此外，团队反思的研究很少关注组织层面的结果变量，未来可以重点探讨团队反思对企业层面绩效的影响，这样可以更加全面地认识和理解团队反思的有效性。

参考文献

[1] 白新文、王二平、周莹等：《团队作业与团队互动两类共享心智模型的发展特征》，《心理学报》2006年第4期。

[2] 陈艳艳、王萌：《共享心智模式对团队创新绩效的影响机制研究——基于知识密集型服务业研发团队的实证分析》，《华东经济管理》2014年第1期。

[3] 董临萍、吴冰、黄维德：《魅力型领导风格、群体效能感与群体绩效——中国企业情境下的实证研究》，《经济管理》2008年第22期。

[4] 董临萍、吴冰、黄维德：《中国企业魅力型领导风格、员工工作态度与群体绩效的实证研究》，《管理学报》2010年第7期。

[5] 董临萍、张文贤：《国外组织情境下魅力型领导理论研究探析》，《外国经济与管理》2006年第11期。

[6] 方卫国、周泓：《不确定性环境中组织结构设计》，《管理科学学报》2000年第2期。

[7] 何铨、叶余建、马剑虹：《魅力型领导方式研究综述》，《人类工效学》2005年第4期。

[8] 贺伟、龙立荣：《实际收入水平，收入内部比较与员工薪酬满意度的关系——传统性和部门规模的调节作用》，《管理世界》2011年第4期。

[9] 简兆权、刘荣、招丽珠：《网络关系、信任与知识共享对技术创新绩效的影响研究》，《研究与发展管理》2010 年第 2 期。

[10] 金惠红、杨松青：《高校科研团队协作因素对团队效能影响的研究——以共享心智模型为中介》，《浙江工业大学学报》（社会科学版）2012 年第 1 期。

[11] 晋琳琳、李德煌：《科研团队学科背景特征对创新绩效的影响——以知识交流共享与知识整合为中介变量》，《科学学研究》2012 年第 1 期。

[12] 李大元、项保华、陈应龙：《企业动态能力及其功效：环境不确定性的影响》，《南开管理评论》2009 年第 6 期。

[13] 刘惠琴、张德：《高校学科团队中魅力型领导对团队创新绩效影响的实证研究》，《科研管理》2007 年第 4 期。

[14] 刘子安、陈建勋：《魅力型领导行为对自主技术创新的影响——机制与情境因素研究》，《中国工业经济》2009 年第 4 期。

[15] 莫申江、潘陆山：《魅力型领导与团队学习：团队目标明确度的缓冲效应》，《人类工效学》2011 年第 1 期。

[16] 汤超颖、艾树、龚增良：《积极情绪的社会功能及其对团队创造力的影响：隐性知识共享的中介作用》，《南开管理评论》2011 年第 4 期。

[17] 施杨、李南：《团队有效沟通与共享心智模式的构建》，《科学管理研究》2007 年第 1 期。

[18] 王端旭、武朝艳：《变革型领导与团队交互记忆系统：团队信任和团队反思的中介作用》，《浙江大学学报》（人文社会科学版）2011 年第 5 期。

[19] 吴培冠、陈婷婷：《绩效管理的取向对团队绩效影响的实证研究》，《南开管理评论》2009 年第 6 期。

[20] 文东华、潘飞、陈世敏：《环境不确定性，二元管理控制系统与企业业绩实证研究——基于权变理论的视角》，《管理世界》2009 年第 10 期。

[21] 文鹏、廖建桥：《不同类型绩效考核对员工考核反应的差异性影响——考核目的视角下的研究》，《南开管理评论》2010 年第 2 期。

[22] 王益谊、席酉民、毕鹏程：《组织环境的不确定性研究综述》，《管理工程学报》2005 年第 1 期。

[23] 吴隆增、刘军、梁淑美等：《辱虐管理与团队绩效：团队沟通与集体效能的中介效应》，《管理评论》2013 年第 8 期。

[24] 吴维库、刘军、黄前进：《下属情商作为调节变量的中国企业高层魅力型领导行为研究》，《系统工程理论与实践》2008 年第 7 期。

[25] 武欣、吴志明：《国外团队有效性影响因素研究现状及发展趋势》，《外国经济与管理》2005 年第 1 期。

[26] 徐淑英、张志学：《管理问题与理论建立：开展中国本土管理研究的策略》，《重庆大学学报》（社会科学版）2011 年第 4 期。

[27] 杨付、张丽华：《团队沟通，工作不安全氛围对创新行为的影响：创造力自我效能感的调节作用》，《心理学报》2012 年第 10 期。

[28] 杨卫忠、葛玉辉、王祥兵：《团队任务反思行为对决策绩效影响的实验研究》，《工业工程与管理》2012 年第 2 期。

[29] 姚春序、刘艳林：《魅力型领导与下属工作投入：双维认同构念的中介机制》，《心理科学》2013 年第 4 期。

[30] 张群祥：《质量管理实践对企业创新绩效的作用机制研究：创新心智模式的中介效应》，博士学位论文，浙江大学，

2012年。

[31] 张鹏程、刘文兴、廖建桥：《魅力型领导对员工创造力的影响机制：仅有心理安全足够吗?》，《管理世界》2011年第10期。

[32] 张文慧、王辉：《长期结果考量、自我牺牲精神与领导授权赋能行为：环境不确定性的调节作用》，《管理世界》2009年第6期。

[33] 张文勤、刘云：《研发团队反思的结构检验及其对团队效能与效率的影响》，《南开管理评论》2011年第3期。

[34] 张文勤、石金涛：《团队反思的影响效果与影响因素分析》，《外国经济与管理》2008年第4期。

[35] 张新安、何惠、顾锋：《家长式领导行为对团队绩效的影响：团队冲突管理方式的中介作用》，《管理世界》2009年第3期。

[36] Bradley R. Agle, Nandu J. Nagarajan, Jeffrey A. Sonnenfeld, Dhinu Srinivasan, Does CEO charisma matter? An empirical analysis of the relationships among organizational performance, environmental uncertainty, and top management team perceptions of CEO charisma, Academy of Management Journal, Vol. 49, No. 1, 2006, pp. 161 – 174.

[37] Leona S. Aiken, Stephen G. West, Multiple regression: Testing and interpreting interaction, Evaluation Practice, Vol. 14, No. 2, 1991, pp. 167 – 168.

[38] T. M. Amabile, A model of creativity and innovation in organizations, Research in Organizational Behavior, Vol. 10, No. 10, 1988, pp. 123 – 167.

[39] Meredith Elaine Babcock-Roberson, Oriel J. Strickland, The re-

lationship between charismatic leadership, work engagement, and organizational citizenship behaviors, Journal of Psychology, Vol. 144, No. 3, 2010, p. 313.

[40] A. B. Bakker, I. H. Van. Emmerik, Martin C. Euwema, Crossover of burnout and engagement in work teams, Work and Occupations, Vol. 33, No. 4, 2006, pp. 464 – 489.

[41] Peter Bamberger, Beyond contextualization-using context theories to narrow the micro-macro gap in management research, Academy of Management Journal, Vol. 51, No. 5, 2008, pp. 839 – 847.

[42] Bianca Beersma, Astrid C. Homan, Gerben A. Kleef, Carsten K. W. De Dreu, Outcome interdependence shapes the effects of prevention focus on team processes and performance, Organizational Behavior and Human Decision Processes, Vol. 121, No. 2, 2013, pp. 194 – 203.

[43] W. R. Boswell, J. W. Boudreau, Separating the developmental and evaluative performance appraisal uses, Journal of Business and Psychology, Vol. 16, No. 3, 2002, pp. 391 – 412.

[44] R. W. Brislin, Translation and content analysis of oral and written material, Handbook of cross-cultural psychology, Vol. 2, No. 2, 1980, pp. 349 – 444.

[45] Michelle Brown, Douglas Hyatt, John Benson, Consequences of the performance appraisal experience, Personnel Review, Vol. 39, No. 3, 2010, pp. 375 – 396.

[46] Michael E. Brown, Linda K. Treviño, Ethical leadership: A review and future directions, Leadership Quarterly, Vol. 17, No. 6, 2006, pp. 595 – 616.

[47] Michael E. Brown, Linda K. Treviño, Leader-follower values

congruence: Are socialized charismatic leaders better able to achieve it? Journal of Applied Psychology, Vol. 94, No. 2, 2009, pp. 478 – 490.

[48] J. Stuart Bunderson, Kathleen M. Sutcliffe, Comparing alternative conceptualizations of functional diversity in management teams: Process and performance effects, Academy of Management Journal, Vol. 45, No. 5, 2002, pp. 875 – 893.

[49] David F. Caldwell, Charles A. O'Reilly, The determinants of team – based innovation in organizations: The role of social influence, Small Group Research, Vol. 34, No. 4, 2003, pp. 497 – 517.

[50] J. A. Cannon-Bower, E. Salas, S. A. Converse, Cognitive psychology and team training: Shared mental models in complex systems, the Annual Meeting of the Society for Industrial and Organizational Psychology, 1990.

[51] Donald J. Campbell, Cynthia Lee, Self-appraisal in performance evaluation: Development versus evaluation, Academy of Management Review, Vol. 13, No. 2, 1988, pp. 302 – 314.

[52] Castllan. N. Castellan, Individual and group decision making : current issues, Hillsdale: Lawrence Erlbaum, 1993.

[53] Abraham Carmeli, Zachary Sheaffer, Galy Binyamin, Roni Reiter-Palmon, Tali Shimoni, Transformational leadership and creative problem-solving: The mediating role of psychological safety and reflexivity, The Journal of Creative Behavior, Vol. 48, No. 2, 2013, pp. 115 – 135.

[54] Susan M. Carter, MA West, Reflexivity, effectiveness, and mental health in BBC – TV production teams, Small Group Re-

search, Vol. 29, No. 5, 1998, pp. 583 – 601.

[55] Chen G, Farh JL, Campbell Bush EM, Wu Z, Wu X, Teams as innovative systems: Multilevel motivational antecedents of innovation in R&D teams, Journal of Applied Psychology, Vol. 98, No. 6, 2013, pp. 1018 – 1027.

[56] Jin Nam Choi, Troy A. Anderson, Anick Veillette, Contextual inhibitors of employee creativity in organizations: The insulating role of creative ability, Group and Organization Management, Vol. 34, No. 3, 2009, pp. 330 – 357.

[57] Jin Nam Choi, Chang J Y, Innovation implementation in the public sector: An integration of institutional and collective dynamics, Journal of Applied Psychology, Vol. 94, No. 1, 2009, pp. 245 – 253.

[58] Lavinia Cicero, Antonio Pierro, Charismatic leadership and organizational outcomes: The mediating role of employees' workgroup identification, International Journal of Psychology, Vol. 42, No. 5, 2007, pp. 297 – 306.

[59] Cleveland Jeanette N, Murphy Kevin R, Williams Richard E, Multiple uses of performance appraisal: Prevalence and correlates, Journal of Applied Psychology, Vol. 74, No. 1, 1989, pp. 130 – 135.

[60] Conger Jay A, Kanungo Rabindra N, Menon Sanjay T, Charismatic leadership and follower effects, Journal of organizational Behavior, Vol. 21, No. 7, 2000, pp. 747 – 767.

[61] Crawford Eean R, LePine Jeffrey A, A configural theory of team processes: accounting for the structure of taskwork and teamwork, Academy of Management Review, Vol. 38, No. 1, 2013, pp.

32 – 48.

[62] Tina Davidson, Koen Dewettinck, Shari De Baets, Group Goal Setting in Age-Diverse Teams: Investigating the Role of Goal Clarity and Reflexivity, Academy of Management Meeting, 2012.

[63] Mumin Dayan, Aydin Basarir, Antecedents and consequences of team reflexivity in new product development projects, Journal of Business & Industrial Marketing, Vol. 12, No. 1, 2010, pp. 129 – 155.

[64] DeChurch Leslie A, Mesmer-Magnus Jessica R, Measuring shared team mental models: A meta-analysis, Group Dynamics Theory, Research and Practice, Vol. 14, No. 1, 2010, pp. 1 – 14.

[65] De Dreu CK, Cooperative outcome interdependence, task reflexivity, and team effectiveness: a motivated information processing perspective, Journalof Applied Psychology, Vol. 92, No. 3, 2007, pp. 628 – 638.

[66] Annebel H. B. De Hoogh, Deanne N. Den Hartog, Paul L. Koopman, Linking the Big Five - Factors of personality to charismatic and transactional leadership, perceived dynamic work environment as a moderator, Journal of Organizational Behavior, Vol. 26, No. 7, 2005, pp. 839 – 865.

[67] Bart A. De Jong, Tom Elfring, How does trust affect the performance of ongoing teams? The mediating role of reflexivity, monitoring, and effort, Academy of Management Journal, Vol. 53, No. 3, 2010, pp. 535 – 549.

[68] De Vries R. E, Van den Hoff B, De Ridder J. A, Explaining knowledge sharing the role of team communication styles, job sat-

isfaction, and performance beliefs, Communication Research, Vol. 33, No. 2, 2006, pp. 115 – 135.

[69] Dimotakis N, Davison RB, Hollenbeck JR, Team structure and regulatory focus: The impact of regulatory fit on team dynamic, Journal of Applied Psychology, Vol. 97, No. 2, 2012, pp. 421 – 434.

[70] Drach Zahavy Anat, Somech Anit, Understanding team innovation The role of team processes and structures, Group Dynamics: Theory, Research, and Practice, Vol. 5, No. 2, 2001, pp. 111 – 123.

[71] Columbus Frank H, Shohov Serge P, Columbus Alexandra M, Advances in Psychology Research, Adrance in Psychology Research, No. 11, pp. 859 – 861.

[72] Carsten K. W. Dreu, Team innovation and team effectiveness: The importance of minority dissent and reflexivity, European Journal of Work and Organizational Psychology, Vol. 11, No. 3, 2002, pp. 285 – 298.

[73] Amy Edmondson, Psychological safety and learning behavior in work teams, Administrative science quarterly, Vol. 44, No. 2, 1999, pp. 350 – 383.

[74] Amy C Edmondson, The local and variegated nature of learning in organizations: A group – level perspective, Organization Science, Vol. 13, No. 2, 2002, pp. 128 – 146.

[75] Edwards Bryan D, Day Eric Anthony, Arthur Jr Winfred, Bell Suzanne T, Relationships among team ability composition, team mental models, and team performance, Journal of Applied Psychology, Vol. 91, No. 3, 2006, pp. 727 – 736.

[76] Eisenbeiss SA, Van Knippenberg D, Boerner S, Transformational leadership and team innovation: Integrating team climate principles, Journal of Applied Psychology, Vol. 93, No. 6, 2008, p. 1438.

[77] Alek Sander P. J. Ellis, System breakdown: The role of mental models andtransactive memory in the relationship between acute stress and team performance, Academy of Management Journal, Vol. 49, No. 3, 2006, pp. 576 – 589.

[78] Faddegon K, Scheepers D, Ellemers N, If we have the will, there will be a way Regulatory focus and group identity, Unpublished manuscript, Netherlands: Leiden University, 2006.

[79] Krispijn Faddegon, Daan Scheepers, Naomi Ellemers, If we have the will, there will be a way: Regulatory focus as a group identity, European Journal of Social Psychology, Vol. 38, No. 5, 2008, pp. 880 – 895.

[80] Arnd Florack, Juliane Hartmann, Regulatory focus and investment decisions in small groups, Journal of Experimental Social Psychology, Vol. 43, No. 4, 2007, pp. 626 – 632.

[81] Maria Frese, Dieter Zapf, Action as the core of work psychology: A German approach, Handbook of industrial and organizational psychology, Vol. 4, 1994, pp. 271 – 340.

[82] Maria Teresa Frías, Phillip R. Shaver, Rolando Diaz-Loving, Individualism and collectivismas moderators of the association between attachment insecurities, coping, and socialsupport, Journal of Social and Personal Relationships, Vol. 31, No. 1, 2013, pp. 3 – 31.

[83] Ping Ping Fu, Anne S. Tsui, Jun Liu, Lan Li, Pursuit of whose

happiness? Executive leaders' transformational behaviors and personal values, Administrative Science Quarterly, Vol. 55, No. 2, 2010, pp. 222 – 254.

[84] M. P. Josette, Gevers, Wendelien van Eerde, Christel G. Rutte, Time pressure, potency, and progress in project groups, European Journal of Work and Organizational Psychology, Vol. 10, No. 2, 2001, pp. 205 – 221.

[85] Mary Ann Glynn, Rabert Kazanjian, Robert Drazin, Fostering innovation in complex product development settings: The role of team member identity and interteam interdependence, Journal of Product Innovation Management, Vol. 27, No. 7, 2010, pp. 1082 – 1095.

[86] Gong Yaping, Kim Tae Yeol, JingZhu, Lee DeogRo, A multilevel model of team goal orientation, information exchange, and creativity, Academy of Management Journal, Vol. 56, No. 3, 2013, pp. 827 – 851.

[87] JunGu, Vndrea K. Bohns, Geoffrey J. Leonardelli, Regulatory focus and interdependent economic decision-making, Journal of Experimental Social Psychology, Vol. 49, No. 4, 2013, pp. 692 – 698.

[88] Andrea Gurtner, Franziska Tschan, Norbert K. Semmer, Christof Nägele, Getting groups to develop good strategies: Effects of reflexivity interventions on team process, team performance, and shared mental models, Organizational Behavior and Human Decision Processes, Vol. 102, No. 2, 2007, pp. 127 – 142.

[89] Wafa Hammedi, Allard C. R. Van Riel, Zuzana Sasovova, Antecedents and consequences of reflexivity in new product idea

screening, Journal of Product Innovation Management, Vol. 28, No. 5, 2011, pp. 662 – 679.

[90] Melvyn R. W. Hamstra, Jan Willem Bolderdijk, Janet L. Veldstra, Everyday risk taking as a function of regulatory focus, Journal of research in personality, Vol. 45, No. 1, 2011, pp. 134 – 137.

[91] Melvyn R. W. Hamstra, Kai Sassenberg, Nico W. Van Yperen, Barbara Wisse, Followers feel valued—When leaders' regulatory focus makes leaders exhibit behavior that fits followers' regulatory focus, Journal of Experimental Social Psychology, Vol. 51, 2013, pp. 34 – 40.

[92] Thomas Hansen, Jahn M. Levine, Newcomers as change agents: Effects of newcomers' behavioral style and teams' performance optimism, Social Influence, Vol. 4, No. 1, 2009, pp. 46 – 61.

[93] David Dryden Henningsen, Mary Lynn Miller Henningsen, Examining social influence in information-sharing contexts, Small Group Research, Vol. 34, No. 4, 2003, pp. 391 – 412.

[94] Heslin Peter A, VandeWalle Don, Performance appraisal procedural justice: The role of a manager's implicit person theory, Journal of Management, Vol. 37, No. 6, 2011, pp. 1694 – 1718.

[95] E. Tory Higgins, Beyond pleasure and pain, American Psychologist, Vol. 52, No. 12, 1997, pp. 1280 – 1300.

[96] E. Tory Higgins, Promotion and prevention: Regulatory focus as a motivational principle, Advances in Experimental Social Psychology, Vol. 30, No. 2, 1998, pp. 1 – 46.

[97] Hirst Giles, Mann Leon, A model of R&D leadership and team communication: the relationship with project performance, R&D

Management, Vol. 34, No. 2, 2004, pp. 147 – 160.

[98] Martin Hoegl, K. Praveen Parboteeah, Team reflexivity in innovative projects, R &D Management, Vol. 36, No. 2, 2010, pp. 113 – 125.

[99] Hon A. H. Y, Chan W. W. H, Team creative performance the roles of empowering leadership, creative-related motivation, and task interdependence, Cornell Hospitality Quarterly, Vol. 54, No. 2, 2013, pp. 199 – 210.

[100] House Robert J, A 1976 Theory of charismatic leadership, CarbondaleIllinois: Southern Illinois University Press, Vol. 38, 1977.

[101] House Roben J, Jane M. Howell, Personality and charismatic leadership, Leadership Quarterly, Vol. 3, No. 92, 1992, pp. 81 – 108.

[102] Jane M. Howell, Peter J. Frost, Alaboratory study of charismatic leadership, Organizational Behavior and Human Decision Processes, Vol. 43, No. 2, 1989, pp. 243 – 269.

[103] Jane M. Howell, Boas Shamir, The role of followers in the charismatic leadership process: Relationships and their consequences, Academy of Management Review, Vol. 30, No. 1, 2005, pp. 96 – 112.

[104] Hülsheger UR, Anderson N, Salgado JF, Team-level predictors of innovation at work: a comprehensive meta-analysis spanning three decades of research, Journal of Applied psychology, Vol. 94, No. 5, 2009, pp. 1128 – 1145.

[105] Ilgen DR, Hollenbeck JR, Johnson M, Jundt D, Teams in organizations: From input-process-output models to IMOI models, Annual Review of Psychology, Vol. 56, No. 1, 2005, p. 517.

[106] Imai R L, Promotion-focused and prevention-focused? Regulatory focus ambidexterity and its effects on team processes and outcomes, University of Maryland, college Rark, 2012.

[107] Johnson Michael D, Hollenbeck John R, Humphrey Stephen E, Ilgen Daniel R, Jundt Dustin, Meyer C J, Cutthroat cooperation: Asymmetrical adaptation to changes in team reward structures, Academy of Management Journal, Vol. 49, No. 1, 2006, pp. 103 – 119.

[108] Kan Rosabeth M, Three tiers for innovation research, Communication Research, Vol. 15, No. 5, 1988, pp. 509 – 523.

[109] Maura Kessel, Jan Kratzer, Carsten Schultz, Psychological safety, knowledge sharing, and creative performance in healthcare teams, Creativity and Innovation Management, Vol. 21, No. 2, 2012, pp. 147 – 157.

[110] Kiggundu Moses N, Task interdependence and job design: Test of a theory, Organizational behavior and human performance, Vol. 31, No. 2, 1983, pp. 145 – 172.

[111] Richard Klimoski, Susan Mohammed, Team mental model: Construct of metaphor? Journal of Management, Vol. 20, No. 20, 1994, pp. 403 – 437.

[112] Bruce Kogut, Udo Zander, Knowledge of the firm and the evolutionary theory of the multinational corporation, Journal of international business studies, Vol. 34, No. 6, 2003, pp. 505 – 515.

[113] Klein Katherine J. (Ed), Kozlowski Steve W. J. (Ed), Multilevel theory, research, and methods in organizations: Foundations, extensions, and new directions, Astrophysics and Space Science, Vol. 98, No. 2, 2000, pp. 213 – 220.

[114] Bard Kuvaas, Different relationships between perceptions of developmental performance appraisal and work performance, Personnel Review, Vol. 36, No. 3, 2007, pp. 378 – 397.

[115] Lanaj Klodiana, Chang Chu Hsiang Daisy, Johnson Russell E, Regulatory focus and work-related outcomes: A review and meta-analysis, Psychological Bulletin, Vol. 138, No. 5, 2012, pp. 998 – 1034.

[116] C. W. Langfred, Autonomy and performance in teams: The multilevel moderating effect of task interdependence, Journal of management, Vol. 31, No. 4, 2005, pp. 513 – 529.

[117] Les Tien-Shang Lee, The effects of team reflexivity and innovativeness on new product development performance, Industrial Management and Data Systems, Vol. 108, No. 4, 2008, pp. 548 – 569.

[118] Les Tien-Shang Lee, Badri Munir Sukoco, Reflexivity, stress, and unlearning in the new product development team: the moderating effect of procedural justice, R&D Management, Vol. 41, No. 4, 2011, pp. 410 – 423.

[119] Badri Munir Sukoc, Risk-taking as a moderator of the effect of team reflexivity on product innovation: an empirical study, International Journal of Management, Vol. 28, No. 4, 2011b, pp. 263 – 274.

[120] Mi Young Lee, Understanding changes in team-related and task-related mental models and their effects on team and individual performance, Dissertations and Theses-Gradworks, 2007.

[121] P. Lee, N. Gillespie, L. Mann, A. Wearing, Leadership and trust: their effect on knowledge sharing and team performance,

Management Learning, Vol. 41, No. 4, 2010, pp. 473 – 491.

[122] Jeffery A. LePine, Ronald F. Piccolo, Christine L. Jackson, John E. Mathieu, Ronald R. Saul, A meta-analysis of teamwork processes: Tests of a multidimensional model and relationships with team effectiveness criteria, Personnel Psychology, Vol. 61, No. 2, 2008, pp. 273 – 307.

[123] Laurie L. Levesque, Jeanne M. Wilson, Douglas R. Wholey, Cognitive divergence and shared mental models in software development project teams, Journal of Organizational Behavior, Vol. 22, No. 2, 2001, pp. 135 – 144.

[124] Paul E. Levy, Jane R. Williams, The social context of performance appraisal: Areview and framework for the future, Journal of management, Vol. 30, No. 6, 2004, pp. 881 – 905.

[125] Sarah MacCurtain, Patrick C. Flood, Nagarajan Ramamoorthy, Michael A. West, Jeremy F. Dawson, The top management team, reflexivity, knowledge sharing and new product performance: A study of the Irish software industry, Creativity and Innovation Management, Vol. 19, No. 3, 2010, pp. 219 – 232.

[126] Gretchen A. Macht, David A. Nembhard, Jung Hyup Kim, Ling Rothrock, Structural models of extraversion, communication, and team performance, International Journal of Industrial Ergonomics, Vol. 44, No. 1, 2014, pp. 82 – 91.

[127] Marks D, Froggett L Disability: Controversial debates and psychosocial perspectives, Sociology of Health and Illness, Vol. 30, No. 6, 1999, pp. 887 – 888.

[128] MarksMA, SabellaMJ, BurkeCS, ZaccaroSJ, The impact of cross-training on team effectiveness, Journal of Applied Psychol-

ogy, Vol. 87, No. 1, 2002, pp. 3 – 13.

[129] Michelle A. Marks, A test of the impact of collective efficacy in routine and novel performance environments, Human Performance, Vol. 12, No. 3 – 4, 1999, pp. 295 – 309.

[130] Mathieu John E, Heffner Tonia S, Goodwin Gerald F, Salas Eduardo, Cannon-Bowers J A, The influence of shared mental models on team process and performance, Journal of Applied Psychology, Vol. 85, No. 2, 2000, pp. 273 – 283.

[131] Mathieu John E, Heffner Tonia S, Goodwin Gerald E, Cannon-Bowers Janis A, Salas Eduardo, Scaling the quality of teammates' mental models: Equifinality and normative comparisons, Journal of Organizational Behavior, Vol. 26, No. 1, 2005, pp. 37 – 56.

[132] Heathr H. McIntyre, Roseanne J. Foti, The impact of shared leadership on teamwork mental models and performance in self-directed teams, Group Processes & Intergroup Relations Gpir, Vol. 16, No. 1, 2013, pp. 46 – 57.

[133] Daniel Memmert, Stefanie Hüttermann, Josef Orliczek, Decide like Lionel Messi! The impact of regulatory focus on divergent thinking in sports, Journal of Applied Social Psychology, Vol. 43, No. 10, 2013, pp. 2163 – 2167.

[134] Mesmer-Magnus, DeChurch LA, Information sharing and team performance: a meta-analysis, Journal of Applied Psychology, Vol. 94, No. 2, 2009, pp. 535 – 546.

[135] Meyer Klaus, Theodor schiemann als politischer publizist, *Rütten & Loening*, 1956.

[136] Frances J. Milliken, Three types of perceived uncertainty about the

environment: State, effect, and response uncertainty, Academy of Management Review, Vol. 12, No. 1, 1987, pp. 133 – 143.

[137] Susan Mohammed, Brad C. Dumville, Team mental models in a team knowledge framework: Expanding theory and measurement across disciplinary boundaries, Journal of Organizational Behavior, Vol. 22, No. 2, 2001, pp. 89 – 106.

[138] Susan Mohammed, Lori Ferzandi, Katherine Hamilton, Metaphor no more: A 15 year review of the team mental model construct, Journal of Management, Vol. 36, No. 4, 2010, pp. 876 – 910.

[139] JL Nye, AM Brower, What's social about social cognition? Research on socially shared cognition in small groups, Contemporay Psychology, 1996.

[140] A. Müller, Britta Herbig, Kostanija Petrovic, The explication of implicit team knowledge and its supporting effect on team processes and technical innovations an action regulation perspective on team reflexivity, Small Group Research, Vol. 40, No. 1, 2008.

[141] Mumford M D, Partlow P J, Medeiros K E, Charismatic leadership in crises: its origins and effects on performance, Handbook of Research on Crisis Leadership in Organizations, 2013, pp. 67 – 91.

[142] Janine Nahapiet, Sumantra Ghoshal, Social capital, intellectual capital, and the organizational advantage, Academy of management review, Vol. 23, No. 2, 2000, pp. 119 – 157.

[143] Christoph Nohe, Björn Michaelis, Jochen Menges, Zhen Zhang, Karlheinz Sonntag, Charisma and organizational change: A multilevel study of perceived charisma, commitment to change, and team performance, The Leadership Quarterly, Vol. 24, No. 2,

2013, pp. 378 – 389.

[144] Adegoke Oke, Fred O. Walumbwa, Andrew Myers, Innovation Strategy, Human Resource Policy, and Firms' Revenue Growth: The Roles of Environmental Uncertainty and Innovation Performance, Decision Sciences, Vol. 43, No. 2, 2012, pp. 273 – 302.

[145] Gerardo A. Okhuysen, Kathleen M. Eisenhardt, Integrating knowledge in groups: How formal interventions enable flexibility, Organization Science, Vol. 13, No. 4, 2002, pp. 370 – 386.

[146] Anne Nederveen Pieterse, Dirk Van Knippenberg, Dirk Van Dierendonck, Cultural diversity and team performance: The role of team member goal orientation, Academy of Management Journal, Vol. 56, No. 3, 2012, pp. 782 – 804.

[147] Anne Nederveen Pieterse, Daan Van Knippenberg, Wendy P. Van Ginkel, Diversity in goal orientation, team reflexivity, and team performance, Organizational Behavior and Human Decision Processes, Vol. 114, No. 2, 2011, pp. 153 – 164.

[148] Nagarajan Ramamoorthy, Patrick C. Flood, Individualism/collectivism, perceived task interdependence and teamwork attitudes among Irish blue-collar employees: a test of the main and moderating effects, Human Relations, Vol. 57, No. 3, 2004, pp. 347 – 366.

[149] Ramón Rico, Miriam Sanchez Manzanares, Francisco Gil, Cristina Gibson, Team implicit coordination processes: A team knowledge-based approach, Academy of Management Review, Vol. 33, No. 1, 2008, pp. 163 – 184.

[150] Eric F. Rietzschel, Collective regulatory focus predicts specific aspects of team innovation, Group Processes & Intergroup Rela-

tions, Vol. 14, No. 3, 2011, pp. 337 – 345.

[151] Frederick A. Russ, Kevin M. McNeilly, Links among satisfaction, commitment, and turnover intentions: the moderating effect of experience, gender, and performance, Journal of Business Research, Vol. 34, No. 1, 1995, pp. 57 – 65.

[152] Saavedra Richard, Earley P. Christopher, Van Dyne Linn, Complex interdependence in task performing groups, Journal of Applied Psychology, Vol. 78, No. 1, 1993, pp. 61 – 72.

[153] Claudia A. Sacramento, Doris Fay, Michael A. West, Workplace duties or opportunities? Challenge stressors, regulatory focus, and creativity, Organizational Behavior and Human Decision Processes, Vol. 121, No. 2, 2013, pp. 141 – 157.

[154] Kai Sassenberg, Karl Andrew Woltin, Group-based self-regulation: The effects of regulatory focus, European Review of Social Psychology, Vol. 319, No. 1, 2008, pp. 126 – 164.

[155] Schippers M C, Reflexivity in teams, Vrije Universiteit Amsterdam, Kurt Lewiu Instituut, 2003.

[156] Michaéla C. Schippers, Amy C. Edmondson, Michael A. West, Team reflexivity as an antidote to team information processing failures, Small Group Research, Vol. 45, No. 6, 2014, pp. 731 – 769.

[157] Maria C. Schippers, Rob Binnekade, Anton N. M. Schoffelmeer, Tommy Pattij, Taco J. De Vries, Unidirectional relationship between heroin self-administration and impulsive decision-making in rats, Psychopharmacology, Vol. 219, No. 2, 2012, pp. 443 – 452.

[158] Michaéla C. Schippers, Deanne N. Den Hartog, Paul L. Koop-

man, Reflexivity in teams: A measure and correlates, Applied Psychology, Vol. 56, No. 2, 2007, pp. 189 – 211.

[159] Michaéla C. Schippers, Deanne N. Den Hartog, Paul L. Koopman, Knippenberg D. L. Van, The role of transformational leadership in enhancing team reflexivity, Human Relations, Vol. 61, No. 11, 2008, pp. 1593 – 1616.

[160] Michaéla C. Schippers, Deanne N. Den Hartog, Paul L. Koopman, Janique A. Wienk, Diversity and team outcomes: the moderating effects of outcome interdependence and group longevity and the mediating effect of reflexivity, Journal of Organizational Behavior, Vol. 24, No. 6, 2003, pp. 779 – 802.

[161] Michaéla C. Schippers, A. C. Homan, Breaking the negative performance spiral: The role of team reflexivity and team learning, Academy of Management proceeding, Vol. 2009, No. 1, 2003, pp. 1 – 6.

[162] Michaéla C. Schippers, A. C. Homan, Daan Knippenberg, To reflect or not to reflect: Prior team performance as a boundary condition of the effects of reflexivity on learning and final team performance, Journal of Organizational Behavior, Vol. 34, No. 1, 2013, pp. 6 – 23.

[163] Michaéla C. Schippers, Michael A. West, Jeremy F. Dawson, Team reflexivity and innovation: The moderating role of team context, Journal of Management, Vol. 41, No. 3, 2012, pp. 769 – 788.

[164] Helene Sicotte, Ann Langley, Integration mechanisms and R&D project performance, Journal of Engineering and Technology Management, Vol. 17, No. 1, 2000, pp. 1 – 37.

[165] Smith-Jentsch KA, Mathieu JE, Kraiger K, Investigating linear and interactive effects of shared mental models on safety and efficiency in a field setting, Journal of Applied Psychology, Vol. 90, No. 3, 2005, pp. 523 – 535.

[166] Anit Somech, Anat Drach-zahavy, Translating team creativity to innovation implementation: The role of team composition and climate for innovation, Journal of Management, Vol. 39, No. 3, 2011, pp. 684 – 708.

[167] Anit Somech, The effects of leadership style and team process on performance and innovation in functionally heterogeneous teams, Journal of Management official Journal of the Southern Management Association, Vol. 32, No. 1, 2006, pp. 132 – 157.

[168] Spencer Daniel G, Steers Richard M, Performance as a moderator of the job satisfaction-turnover relationship, Journal of Applied Psychology, Vol. 66, No. 4, 1981, pp. 511 – 514.

[169] Srivastava Abhishek, Bartol Kathryn M, Locke Edwin A, Empowering leadership in management teams: Effects on knowledge sharing, efficacy, and performance, Academy of Management Journal, Vol. 49, No. 6, 2006, pp. 1239 – 1251.

[170] Stasser Garold, Stewart Dennis, Discovery of hidden profiles by decisi on- making groups: Solving a problem versus making a judgment, Journal of personality and social psychology, Vol. 63, No. 3, 1992, pp. 426 – 434.

[171] Greg L. Stewart, Murray R. Barrick, Team structure and performance: Assessing the mediating role of intrateam process and the moderating role of task type, Academy of management Journal, Vol. 43, No. 2, 2000, pp. 135 – 148.

[172] Stout Renée J, Cannon Bowers Janis A, Salas Eduardo, Milanovich Dana M, Planning, shared mental models, and coordinated performance: An empirical link is established, Human Factors, Vol. 41, No. 1, 1999, pp. 61 – 71.

[173] Swift T A, West M A, Reflexivity and group processes: Research and practice, ESRC Centre for Organization and Innovation, 1998.

[174] Thomas Sy, Jin Nam Choi, Stefanie K. Johnson, Reciprocal interactions between group perceptions of leader charisma and group mood through mood contagion, The Leadership Quarterly, Vol. 24, No. 4, 2013, pp. 463 – 476.

[175] Tjosvold Dean, Tang Moureen M. L, West Michael, Reflexivity for team innovation in China: The contribution of goal interdependence, Group and Organization Management, Vol. 29, No. 29, 2004, pp. 540 – 559.

[176] Dean Tjosvold, Chun Hui, Ziyou Yu, Conflict management and task reflexivity for team in-role and extra-role performance in China, International Journal of Conflict Management, Vol. 14, No. 2, 2003, pp. 141 – 163.

[177] Gerben S. Vander Vegt, Onne Janssen, Joint impact of interdependence and group diversity on innovation, Journal of Management, Vol. 29, No. 5, 2003, pp. 729 – 751.

[178] Gerben S. Vander Vegt, Ben Emans, Evert Van De Vliert, Team members' affective responses to patterns of intragroup interdependence and job complexity, Journal of Management, Vol. 26, No. 4, 2000, pp. 633 – 655.

[179] Wendy P. VanGinkel, Daan Van Knippenberg, Group leadership

and shared task representations in decision making groups, The Leadership Quarterly, Vol. 23, No. 1, 2012, pp. 94 – 106.

[180] Van Knippenberg Daan, DreuCarsten K. W, Homan Astrid C, Work group diversity and group performance: an integrative model and research agenda, Journal of applied psychology, Vol. 89, No. 6, 2004, pp. 1008 – 1022.

[181] Van Prooijen Jan Willem, De Cremer David, Van Beest Ilja, Ståhl Tomas, Van Dijke Marius, Van Lange P A M, The egocentric nature of procedural justice: Social value orientation as moderator of reactions to decision-making procedures, Journal of Experimental Social Psychology, Vol. 44, No. 5, 2008, pp. 1303 – 1315.

[182] Varella Paul, Javidan Mansour, Waldman David A, A model of instrumental networks: The roles of socialized charismatic leadership and group behavior, Organization Science, Vol. 23, No. 2, 2015, pp. 582 – 595.

[183] Prajya R. Vidyarthi, Smriti Anand, Robert C. Liden, Do emotionally perceptive leaders motivate higher employee performance? The moderating role of taskinterdependence and power distance, The Leadership Quarterly, Vol. 25, No. 2, 2014, pp. 232 – 244.

[184] Wageman Ruth, Interdependence and group effectiveness, Administrative Science Quarterly, Vol. 40, No. 2, 1995, p. 367.

[185] David A. Waldman, Addendum, Charismatic leadership at strategic levels-new directions and trends, Transformational and Charismatic Leadership: *the Road AheadInterdependence and group effectiveness*, 2013.

[186] David A. Waldman, Yammarino Francis J, CEO charismatic

leadership: Levels-of-management and levels-of-analysis effects, Academy of Management Review, Vol. 24, No. 2, 1999, pp. 266 – 285.

[187] Liying Wang, A Study on motivation mechanism of R&D team creativity based on team shared mental model, Technology Management in the IT – Driven Services (PICMET), 2013, pp. 1 – 13.

[188] Sheng Wang, Raymond A. Noe, Knowledge sharing: A review and directions for future research, Human Resource Management Review, Vol. 20, No. 2, 2010, pp. 115 – 131.

[189] Wann Daniel L, Understanding the positive social psychological benefits of sport team identification: The team identification-social psychological health model, Group Dynamics: Theory, Research, and Practice, Vol. 10, No. 4, 2006, pp. 272 – 296.

[190] Weber M, The Theory of Social and Economic Organization, New York: *Henderson and Talcott Parsons*, 1947.

[191] Heidi Kristina Westli, Bjorn Helge Johnsen, Jarle Eid, Ingril Rasten, Guttorm Brattebo, Teamwork skills, shared mental models, and performance in simulated trauma teams: an independent group design, Scandinavian Journal of Trauma Resuscitation & Emergency Medicine, Vol. 18, No. 1, 2010, pp. 1 – 8.

[192] Michael West, Handbook of Work Group Psychology, Chichester: John Wiley & Sons Ltd, 1996.

[193] Michael A. West, Sparkling fountains or stagnant ponds: An integrative model of creativity and innovation implementation in work groups, Applied Psychology: An International Review, Vol. 51, No. 3, 2002, pp. 355 – 387.

[194] Michael A. West, Anderson Neil R, Innovation in top manage-

ment teams, Journal of Applied psychology, Vol. 81, No. 6, 1996, pp. 680 – 693.

[195] West Michael A, Hirst Giles, Cooperation and teamwork for innovation, International handbook of organizational teamwork and cooperative working, Vol. 134, 2003, pp. 297 – 319.

[196] Michael A. West, Farr James L. (Ed), Innovation and creativity at work: Psychological and organizational strategies, Chichester, Health Policy, Vol. 45, No. 3, 1991, pp. 175 – 186.

[197] P S Widmer, M C Schippers, M A West, Recent developments in reflexivity research: A review, Psychology of Everyday Activity, Vol. 210, No. 1, 2009, pp. 617 – 633.

[198] Celeste P. M. Wilderom, Peter T. Vanden Berg, Uco J. Wiersma, A longitudinal study of the effects of charismatic leadership and organizational culture on objective and perceived corporate performance, The Leadership Quarterly, Vol. 23, No. 5, 2012, pp. 835 – 848.

[199] Alfred Wong, Sofia Su Fang, Dean Tjosvold, Developing business trust in government through resource exchange in China, Asia Pacific Journal of Management, Vol. 29, No. 4, 2012, pp. 1027 – 1043.

[200] Alfred Wong, Dean Tjosvold, Fang Su, Social face for innovation in strategic alliances in China: The mediating roles of resource exchange and reflexivity, Journal of Organizational Behavior, Vol. 28, No. 8, 2007, pp. 961 – 978.

[201] Chee Yew Wong, Sakun Boon-itt, Christina W. Y. Wong, The contingency effects of environmental uncertainty on the relationship between supply chain integration and operational perform-

ance, Journal of Operations Management, Vol. 29, No. 6, 2011, pp. 604 – 615.

[202] Wood Matthew D, Problem representation and team mental model development in individual and team problem solving performance, Carnegie Mellon University, 2013.

[203] Zhan, Mengqi, Impact of Group Voice Climate on Team Performance Through Team Creativity and Team Reflexivity, 2012.

致　　谢

　　时间飞逝，日月如梭，转眼之间，我即将毕业了。对我而言，2014年要步入新的人生轨道，离开熟悉的学习生活环境，此时此刻心中有无限的感慨，难以言怀。抬头看窗外，喻家山依旧青翠，殊不知已然斗转星移六载有余。不敢说转眼之间，但也白驹过隙一般的博士生活，午夜梦回总不敢相信自己依然要来看了。

　　回首这4年博士生活，需要感谢的人很多，需要记住的人也很多。首先不会忘记也不能忘记的就是我的博士导师廖建桥教授。虽然短短4年博士学习生活，但是跟随廖老师、聆听廖老师的教诲已经6年。在实验室6年的时间更是不能忘怀，每次剑桥论坛都能从廖老师那里学习到更多的知识和想法，更是打开了我思想的窗口。每次出差从廖老师那都能学到更多做人的道理和处事的原则，由衷欣赏和佩服廖老师为人和做事的风格。与此同时，廖老师教导我们要有精英意识，做一个高尚、对社会有用的人以及在学术上廖老师反复教导我们，要做一个顶天立地的研究，我一直铭记在心。我会用行动去感悟廖老师的教诲并努力做到廖老师对我们的要求。十分庆幸自己的人生中出现过这么一位导师，在很多时候潜移默化地改变了我的人生。谢谢您，廖老师！

　　也由衷地感谢硕士导师张老师。张老师作为我学术的引路人，让我从一个不知道学术为何物之人，变成了今天能够在组织行为与人力资源管理领域独立创作的准学者。也非常感谢张老师日常细心的帮助和学术指导，与您每一次交流都让我受益匪浅。您就像一位兄长一样关心和指导我，让我不断成长。谢谢您，张老师！

感谢龙立荣老师细心的关怀，每次在困难中所给予的帮助和支持；感谢胡蓓老师人力资源管理课堂上带来的专业知识。十分感谢田志龙、常亚平、刘智强、杨治等诸位老师，也特别感谢华中师范大学管理学院副院长陈雪玲老师，在我的博士研究生阶段由于你们孜孜不倦的教导，让我不断发现自己的缺点，不断成长。也正是由于你们的努力和付出，我的博士学术生活才会如此精彩。

由衷地感谢我的师兄弟姐妹们、同学们、朋友们。感谢韩翼、文鹏、赵书松、张桂平、张永军、赵君、陈诚、汪兴东和章璇等各位师兄师姐，从你们的每次成果汇报中和论文中我汲取了大量的营养，从你们那里我学到了许多理论、方法和经验，你们无私的帮助和指导，让我受益匪浅。感谢涂铭、张亚军、鄢丙胜、张敬宇、陈江涛、崔利岗、袁博和贺伟等同学，他们是我一同奋斗的战友，也是我学习的榜样，感谢你们的关怀和鼓励。感谢张燕红、刘生敏、郭云、邓传军、周兴驰、章发旺、李铭泽、葛靓等博士与我进行学术交流，激发了我不少的思想火花，也感谢黄诗华、黄妮玲、杨春龙、毛江华、田婷、陈菲、李思等师弟师妹的帮助。

由衷地感谢我的父亲、母亲。近 22 年的求学生涯，我的父母、我的家人你们付出的太多，每一个夜晚因为知道有你们一直陪伴着我所以才能安睡，每一个白天因为知道你们的爱所以在努力。岁月走过已经留下痕迹，我常想起父母亲把最好的留给我。明天的我，终于可以站起来，在你们的背后支持着你们！也由衷地感谢我的哥哥和弟弟，长期以来对我的帮助和精神上的支持，让我没齿难忘。

最后，特别感谢我的女朋友张晶。我们在华科相知相恋、朝夕相处。读书清苦，不能给予你的很多；学业忙碌，时常忽略你的感受；为人憨笨，饱含深情不懂表达；处事执拗，惹你生气不知悔改。感谢你的悉心照料关怀备至，感谢你的相伴相依不离不弃，感谢你的默默承受全心全意支持，赤诚之心终生相守。

刘文兴

2014年1月于华中科技大学管理学院